A Liberdade Religiosa nos Estados Modernos

A Liberdade Religiosa nos Estados Modernos

2017 · 2ª Edição

Heloísa Sanches Querino Chehoud

ALMEDINA

A LIBERDADE RELIGIOSA NOS ESTADOS MODERNOS

Autora: Heloísa Sanches Querino Chehoud
Diagramação: Almedina
Design de Capa: FBA.

ISBN: 978-858-49-3198-9

Dados Internacionais de Catalogação na Publicação (CIP)
(Câmara Brasileira do Livro, SP, Brasil)

Cheloud, Heloísa Sanches Querino
A liberdade religiosa nos Estados modernos /
Heloísa Sanches Querino Chehoud. -- 2. ed. –
São Paulo : Almedina, 2017.
Inclui bibliografia

ISBN: 978-85-8493-198-9

1. Direito constitucional 2. Liberdade de
religião - Brasil 3. Religião e Estado I. Título.

17-01004 CDU-342.731

Índices para catálogo sistemático:

1. Liberdade religiosa : Direito constitucional
342.731

Este livro segue as regras do novo Acordo Ortográfico da Língua Portuguesa (1990).

Janeiro, 2017

Editora: Almedina Brasil
Rua José Maria Lisboa, 860, Conj.131 e 132, Jardim Paulista | 01423-001 São Paulo | Brasil
editora@almedina.com.br
www.almedina.com.br

SUMÁRIO

INTRODUÇÃO

Esse trabalho estuda a relação existente entre religião, Igreja, indivíduo e Estado, partindo de uma abordagem histórica, chegando até o tratamento recebido na Constituição Federal brasileira e nos tribunais. Parte-se do contexto histórico internacional, para então se restringir à história do Brasil.

Relevantes acontecimentos foram cruciais para a decisão da abordagem do tema em estudo.

O primeiro deles foi a polêmica ordem do Desembargador do Tribunal de Justiça do Rio de Janeiro *Luiz Zveiter* para que fossem retirados todos os crucifixos espalhados pela Corte, assim que tomou posse na Presidência do Tribunal em 2009. Ele, que é da religião judaica, tinha intenção de fornecer um espaço para cultos de todas as religiões.

Outro acontecimento chamou muita atenção: estava previsto para ser anunciado no dia 20 de janeiro de 2010 o primeiro Plano Nacional de Proteção à Liberdade Religiosa, na véspera do Dia Nacional de Combate à Intolerância Religiosa, que é comemorado no dia vinte e um de janeiro[1]. No entanto, esse anúncio foi adiado pelo Governo Fede-

[1] A Secretaria Especial de Políticas e Promoção da Igualdade Racial – SEPPIR foi criada pelo Governo Federal em março de 2003 e assim justificou a data comemorativa de 21 de janeiro:
"Embora a religiosidade de origem africana seja reconhecida como uma importante característica da identidade nacional, os praticantes da umbanda e candomblé ainda são vítimas do preconceito no Brasil contemporâneo. Para alertar a sociedade para esse

ral, sob o pretexto de se ter de revisar aspectos jurídicos do texto. Esse Plano continha programas polêmicos, tais como a legalização fundiária dos imóveis ocupados por terreiros de umbanda e candomblé e o tombamento de casas de culto, e não vinha agradando os evangélicos e a Igreja Católica, segundo o jornal *O Estado de São Paulo*. O pastor Ronaldo Fonseca, presidente do Conselho Político da Convenção Geral das Assembleias de Deus no Brasil, declarou que "o Governo está se envolvendo em polêmicas desnecessárias. Não existe guerra santa aqui e não é inteligente o Estado se preocupar com símbolos religiosos, tombamentos e união de homossexuais. Isso é coisa de marxista"[2]. O fato é que o Plano estava sendo bastante comemorado pelas religiões afro-brasileiras, minoritárias, mas acabou tendo a sua divulgação adiada por motivos políticos. Até a segunda edição desta obra (2017) o Plano não havia sido concretizado.

Tamanha a importância das religiões afro-brasileiras que a sua definição consta do *The Oxford Dictionary of World Religions*[3], que as coloca como sendo "as novas religiões baseadas na sobrevivência das religiões africanas entre a população escrava negra, originada no nordeste brasileiro, mas agora presente na maior parte da área costeira e nas cidades do sudeste. Candomblés são as formas desenvolvidas na Bahia no começo do século XIX. Esses cultos usualmente têm a participação de possessão

fato, o 21 de janeiro foi incluído no calendário cívico como o Dia Nacional de Combate à Intolerância Religiosa.
A data é uma homenagem à memória de Mãe Gilda, yalorixá do Terreiro Abassá de Ogum, um dos mais tradicionais da Bahia. Ela teve sua fotografia publicada em um jornal evangélico de grande circulação, associada ao charlatanismo. Depois de sofrer a invasão e depredação de seu templo religioso, a mãe de santo apresentou problemas de saúde que culminaram com a sua morte, provocada por um infarto, em 21 de janeiro de 2000.
O município de Salvador foi o primeiro a instituir o Dia de Combate à Intolerância Religiosa. Em 2007, o Congresso aprovou e o presidente Luiz Inácio Lula da Silva sancionou a Lei nº 11.635, oficializando a data. Desde então, vários segmentos afro-religiosos se mobilizam para lembrar que, mesmo sendo o Estado laico, é necessário que o Poder Público promova o respeito, o reconhecimento e a reparação política e social das comunidades de terreiro como forma de garantir a liberdade de crença prevista na Constituição."

[2] ROSA, Vera. Dilma adia legalização de terreiros de umbanda para evitar nova crise. *O Estado de São Paulo*, São Paulo, 21 jan. 2010, p. A4.

[3] Editado por John Bowker, Ed. Oxford University, p. 26.

por espíritos, médiuns, divindades, sacrifícios de animais, danças e centros de culto com altares e parafernália de rituais."

Outro fato notório ocorreu em 25 de janeiro de 2010 quando João Grandino Rodas assumiu como novo reitor da Universidade de São Paulo. A cerimônia de posse foi um culto ecumênico, contando inclusive com a mãe de santo Ialorixá Wanda de Oxum, realizado na Sala São Paulo. Foi a primeira vez que uma mãe de santo, nesse ato representante do candomblé, participou de uma cerimônia de posse de um reitor da USP, que contou ainda com a participação de líderes católicos, presbiterianos, judaicos, budistas e islâmicos.[4]

Em março de 2010 o País se viu abalado com o assassinato do consagrado cartunista Glauco Vilas Boas e de seu filho Raoni Ornellas Vilas Boas. O homicídio foi praticado e, posteriormente, confessado, por um frequentador da Igreja Céu de Maria, igreja essa fundada pela própria vítima e pertencente à seita Santo Daime que, entre outras coisas, prega o consumo de um chá com efeitos alucinógenos como forma de se "atingir o autoconhecimento e a consciência cósmica". Sem adentrar nos detalhes do crime e nas condições do autor, que não vêm ao caso nesse trabalho, vem à tona o fato de o chá ter sido possivelmente o causador do transtorno mental do agente que teria culminado nos dois homicídios. O chá cultuado pela seita em questão contém dimetiltriptamina (DMT), um potente alucinógeno de curta duração que é proibido em quase todo o mundo, aparecendo ao lado do LSD na lista de drogas controladas na Convenção sobre Substâncias Psicotrópicas da ONU. A lista é seguida por cento e oitenta e três países, sendo o Brasil um deles. No entanto, o Conselho Federal de Entorpecentes aqui liberou, em 1992, o consumo do chá daimista "para fins religiosos", justificando a permissão no fato de que a convenção não proibia o uso da planta que tem pequena concentração de DMT, usada no chá. Em janeiro passado o Estado brasileiro consagrou o chá como "bebida sagrada", contrariando a Associação Brasileira de Psiquiatria, que se manifestou contra a liberação do chá, sob o argumento de que não existem estudos

[4] GRANDINO assume USP hoje pregando diálogo. *Folha de São Paulo*, São Paulo, 25 jan. 2010. Caderno Cotidiano, p. C9.

suficientes para descrever em profundidade a ação no cérebro da DMT presente no chá[5].

Na cena internacional muitos casos polêmicos também ocorriam. O então Presidente francês Nicolas Sarkozy posicionou-se contra o uso do tradicional véu islâmico pelas mulheres naquele país. Ele disse, no dia 22 de junho de 2009, em uma sessão especial do Parlamento de Versalhes, que a burka, que cobre as mulheres da ponta do pé ao topo da cabeça, reduz a mulher a uma posição de servidão e diminui a sua dignidade como ser humano. Disse o Presidente francês:

> Não podemos aceitar em nosso país mulheres presas nesta rede, eliminadas de toda vida social e privadas de suas identidades. Esta não é a ideia que a República da França tem de dignidade da mulher. A burka não é um sinal de religiosidade, mas de submissão. [6]

Entretanto, para a religião muçulmana, religiosidade significa submissão, não havendo diferença alguma entre esses conceitos. "Islam", do árabe "Aslam", quer dizer "submeter", e a palavra "muslim", que designa o(a) muçulmano(a), significa literalmente "aqueles que são submissos". As declarações do ex-Presidente Sarkozy foram feitas uma semana depois de o governo francês aceitar discutir uma lei banindo o uso da burka no país. A França tem hoje aproximadamente cinco milhões de muçulmanos e em 2004 já banira o uso dos véus nas escolas públicas. Estes eram apenas os sintomas iniciais de uma situação que se tornou insustentável.

Sarkozy invocou o princípio francês da laicidade, ou a rígida separação do Estado e da religião, mas ressaltou que na França a liberdade de crença está assegurada. O Estado laico é aquele cuja forma de governo e de exercício do Poder é desvinculada da religião. A laicidade, ou seja, a separação entre a Igreja e o Estado, deve ser observada na Administração Pública, no Legislativo, no Judiciário e na sociedade em geral. Já a liberdade de religião é o direito de os cidadãos escolherem livremente

[5] COURA, Kalleo; BETTI, Renata. Alucinação assassina. Veja, edição 2157, na 43, nº 12, p. 66, 24 mar. 2010.

[6] O Estado de São Paulo, edição de 23 de junho de 2009.

a religião que lhes convierem material e espiritualmente. Como veremos adiante, ela engloba a liberdade de consciência e a de culto, esta a liberdade de exercer a fé. No texto abordaremos com maior profundidade a diferença entre laicidade e liberdade religiosa.

Em 2004 a França já havia banido a utilização de qualquer ornamento religioso em escolas publicas de ensino médio e fundamental, incluindo o kippa judaico, grandes crucifixos e o véu islâmico (hijab). Em 2010 o Parlamento francês aprovou uma lei banindo a utilização em público de qualquer vestimenta que cobrisse o rosto, com foco na proibição da burka, justificando a medida em razões de segurança.[7]

A situação na França tornou-se cada vez mais crítica. Vários ataques criminosos foram praticados por extremistas em nome da religião islã naquele País. Em janeiro de 2015 o mundo ficou abalado pelo ataque ao escritório da revista "Charlie Hebdo"[8] em Paris. Dois homens armados com rifles invadiram a sede da revista e mataram cartunistas, editores, visitantes, policiais e seguranças, enquanto gritavam "Alá é o maior" e divulgavam a sua motivação: vingança em nome do Profeta Maomé. Doze pessoas foram mortas no ataque, sendo oito delas jornalistas, e duas delas policiais. Bandeiras jihadistas foram encontradas dentro do carro utilizado no ataque[9].

Em novembro de 2015 Paris sofreu uma nova onda de ataques terroristas, levando à morte pelo menos 130 pessoas. Os agressores, armados com rifles e explosivos, atacaram seis diferentes localidades naquela cidade, entre eles o campo de futebol *Stade de France* e um espaço de shows chamado *Bataclan*, onde um show da banda americana *Eagles of Death Metal* se apresentava. O grupo autointitulado Estado Islâmico[10]

7 www.nytimes.com/2016/08/18.

8 A revista era conhecia por suas publicações satíricas e provocativas. O correspondente da BBC em Paris, Hugh Schofield, disse que Charlie Hebdo é parte da tradição do jornalismo francês existente desde os escândalos que denunciaram Maria Antonieta e que levaram à Revolução Francesa. Alguns de seus cartunistas estavam sob proteção da polícia por estarem sendo ameaçados devido à publicação de sátiras em referência ao Profeta Maomé.

9 www.bbc.com.

10 Também conhecidos por ISIL (Islamic State of Iraq and the Levant) e ISIS (Islamic State of Iraq and Syria).

assumiu a autoria dos ataques.[11] Autoridades francesas disseram que esses ataques foram planejados na Bélgica.

Em março de 2016 Bruxelas foi o alvo. Homens-bomba atacaram o aeroporto em Zaventem e a estação de metro Maalbeek, deixando mais de 300 pessoas feridas. O mesmo grupo islâmico assumiu a autoria.

Na França, a relação do Estado com a religião islâmica fica cada vez mais delicada. No verão de 2016 várias cidades francesas, entre elas Nice e Cannes, baniram o *burkini*, uma roupa de banho que cobre o corpo todo, menos o rosto, as mãos e os pés, utilizado por algumas muçulmanas para irem à praia. O primeiro ministro francês Manuel Valls apoiou a medida, declarando que aquela roupa é parte da "escravização das mulheres". Os Prefeitos que instituíram o banimento ao *burkini* usaram como justificativa a manutenção da ordem publica, higiene, boa moral e laicidade. Aquelas que infringirem o banimento devem se retirar da praia e podem ser multadas em até 42 Euros.

Como se vê, o tema da liberdade religiosa é bastante polêmico e afeta diretamente a vida das pessoas.

À primeira vista o referido tema poderia soar como uma questão interna da pessoa, ligada somente ao espírito e ao íntimo de cada um, alheia ao mundo jurídico. Entretanto, não se pode olvidar que o interior da pessoa e o mundo que a cerca estão em constante troca de informações. Como bem escreveu Celso R. Bastos[12], "é necessário observar que a vida espiritual não se desenvolve em comportamentos estagnados, pois as condições sociais, econômicas, históricas e culturais exercem, sem dúvida alguma, influência direta sobre o pensamento individual". De fato, a religião, ou a opção por religião alguma, extrapola o âmbito interno da pessoa, e desemboca no mundo social. Exatamente para que se torne possível a convivência pacífica entre as pessoas e as várias ideologias é que a liberdade religiosa deve ser tratada no mundo do dever-ser, encontrando o seu reflexo na ordem jurídica.

A religião faz parte do íntimo de cada um, mas não fica adstrita ao interior da pessoa. Ela extrapola esse limite, pois tem ínsita em si a necessidade de ser exercida, o que só pode ocorrer no mundo onde

[11] www.cnn.com/2015/12/08/europe/2015-paris-terror-attacks-fast-facts/

[12] Bastos e Meyer-Pflug, 2001, p. 106.

se vive em sociedade. Daí a necessidade de ordenação, a fim de que os crentes de todas as religiões – e os que não têm religião alguma – possam conviver da forma mais harmônica e equânime possível.

A sociedade reclama por uma resposta imediata à seguinte indagação: até que ponto vai a liberdade religiosa, ou seja, quais são os limites deste direito? Essa a problemática aqui enfrentada. O presente trabalho se propõe a trazer subsídios e dados aptos para a modelagem desse direito.

Pela análise das amostras fáticas acima se nota que a questão está longe de ser pacífica, social ou juridicamente falando. Inúmeras são as polêmicas, as posturas ideológicas e os entendimentos sobre a liberdade religiosa e a posição que o Estado deve manter em relação a ela. Essa é a problematização do presente trabalho, que procurará elucidá-la por meio do estudo dos fundamentos da liberdade religiosa e do Estado laico e de como esse direito fundamental se desenrolou na história do mundo e do Brasil.

Capítulo 1
Direitos Fundamentais e Liberdade Religiosa: Surgimento e Evolução

1.1. Os direitos fundamentais e a dignidade da pessoa

A Constituição é a lei criadora de um Estado e, portanto, é a sua lei fundamental, devendo dispor sobre a organização dos seus elementos essenciais: a forma de Estado, o sistema de Governo, a titularidade e divisão do Poder e os direitos, deveres e garantias fundamentais[13]. Bandeira de Mello define Constituição como sendo, antes de qualquer coisa, um corpo de normas jurídicas. "De fora parte quaisquer outras qualificações, o certo é que consiste, antes de mais, em um plexo de regras de Direito" (1981, p. 236). E continua:

> A Constituição não é um simples ideário. Não é apenas uma expressão de anseios, de aspirações, de propósitos. É a transformação de um ideário, é a conversão de anseios e aspirações em regras impositivas. Em comandos. Em preceitos obrigatórios para todos: órgãos do Poder e cidadãos. (...) Além disto a Constituição não é mero feixe de leis, igual a qualquer outro corpo de normas. A Constituição, sabidamente, é um corpo de normas qualificado pela posição altaneira, suprema, que ocupa no conjunto normativo. É a Lei das Leis. É a Lei Máxima, à qual todas as demais se subordinam e

[13] Conforme ARAUJO, 2010, p. 23.

na qual todas se fundam. É a lei de mais alta hierarquia. É a lei fundante. É a fonte de todo o Direito. É a matriz última da validade de qualquer ato jurídico. (idem, p. 237)

Tem-se assim que a Constituição é um aglomerado de normas, de hierarquia superior, disposto a reger os mais relevantes aspectos da sociedade, do Estado e do Poder, onde se encontram encartados, além de outros temas de relevo, os direitos fundamentais. Quanto a estes, *direito* pode tanto indicar a defesa do cidadão perante o Estado, como os interesses jurídicos de caráter social, político ou difuso protegidos pela Constituição. *Fundamental* significa a sua imprescindibilidade para a pessoa humana. Os direitos fundamentais, em sentido *lato*, constituem uma categoria jurídica composta por direitos (*stricto sensu*) e garantias, cuja finalidade é proteger a dignidade da pessoa humana, aí incluídas, entre outros, a liberdade, a propriedade, a imagem e a honra. A terminologia "direitos fundamentais", apesar de se referir àqueles destinados à proteção da pessoa humana, não é sinônima de "direitos humanos". Diz-se isso porque esta representa mais apropriadamente os direitos que têm uma dimensão universal, válidos para todos os povos e em todos os tempos, independentemente de um sistema jurídico específico. Já "direitos fundamentais" é terminologia mais apropriada àqueles direitos do homem garantidos jurídica e institucionalmente e limitados no espaço e no tempo, ou seja, reconhecidos por um dado ordenamento jurídico[14].

Os direitos fundamentais em sentido *lato* podem ser subdivididos em *direitos* fundamentais em sentido estrito, que são enunciados em disposições declaratórias, enunciativas, que fazem mostrar a existência daqueles; e *garantias* fundamentais, que constam de disposições assecuratórias, marcadas pelo caráter instrumental de proteção dos direitos fundamentais (Araujo, 2010, p. 67). Ademais, a categoria jurídica dos direitos fundamentais pode ser constituída tanto por *regras* como *princípios*, diferenciação muito bem definida por Alexy, p. 90:

[14] Conforme Araujo, 2010, p. 130 e Canotilho, 2003, p. 393.

> O ponto decisivo na distinção entre regras e princípios é que *princípios* são normas que ordenam que algo seja realizado na maior medida possível dentro das possibilidades jurídicas e fáticas existentes. Princípios são, por conseguinte, *mandamentos de otimização*, que são caracterizados por poderem ser satisfeitos em graus variados e pelo fato de que a medida devida de sua satisfação não depende somente das possibilidades fáticas, mas também das possibilidades jurídicas. O âmbito das possibilidades jurídicas é determinado pelos princípios e regras colidentes. Já as *regras* são normas que são sempre ou satisfeitas ou não satisfeitas. Se uma regra vale, então, deve se fazer exatamente aquilo que ela exige; nem mais, nem menos. Regras contêm, portanto, *determinações* no âmbito daquilo que é fática e juridicamente possível. Isso significa que a distinção entre regras e princípios é uma distinção qualitativa, e não uma distinção de grau. Toda norma é ou uma regra ou um princípio. (grifos do autor)

Complementada por Virgílio Afonso da Silva (p. 45):

> O principal traço distintivo entre regras e princípios, segundo a teoria dos princípios, é a estrutura dos direitos que essas normas garantem. No caso das *regras*, garantem-se direitos (ou se impõem deveres) definitivos, ao passo que no caso dos *princípios* são garantidos direitos (ou são impostos deveres) *prima facie*. Isso significa que, se um direito é garantido por uma norma que tenha a estrutura de uma regra, esse direito é definitivo e deverá ser realizado totalmente, caso a regra seja aplicável ao caso concreto. (...) No caso dos *princípios* não se pode falar em realização sempre total daquilo que a norma exige. Ao contrário: em geral essa realização é apenas parcial.

E ainda, a clássica definição de Celso Antônio Bandeira de Mello, para quem princípio "é, por definição, mandamento nuclear de um sistema, verdadeiro alicerce dele. (...) É o conhecimento dos princípios que preside a intelecção das diferentes partes componentes do todo unitário que há por nome sistema jurídico positivo" (Mello, 2000, p. 747 e 748).

A laicidade é comumente colocada como *princípio da laicidade*, consistindo em, mais que um mandamento definitivo, um *vetor* a informar a realização de todas as normas jurídicas, ou seja, um verdadeiro alicerce do ordenamento. Mais que uma regra que deva ser aplicada num dado caso concreto, a laicidade, como princípio, norteia a aplicação de todo o ordenamento jurídico, pairando sobre um número bastante amplo de normas e fatos concretos.

No presente trabalho a expressão 'direitos fundamentais' será utilizada no sentido amplo, incluindo os direitos e as garantias, as regras e os princípios. Apesar da abrangência e da variedade, esses direitos têm em comum algumas peculiaridades que os tornam *fundamentais*, imprescindíveis à dignidade humana. Esse núcleo comum à 'categoria' direitos fundamentais é formado pelas características a seguir colocadas: (i) historicidade, pois os direitos fundamentais de hoje são o resultado da evolução havida com o passar dos tempos rumo a uma maior proteção da dignidade humana[15]; (ii) autogeneratividade, pois os direitos fundamentais são, ao mesmo tempo que reconhecidos pela Constituição, anteriores e superiores ao Estado que os reconhece constitucionalmente, isto é, eles são fundamentos do Estado e da Constituição, mas também são instituídos pela Constituição; (iii) universalidade, porque os direitos fundamentais destinam-se a todos os seres humanos, dado que se referem à dignidade de todas as pessoas, sendo ontologicamente incompatíveis com qualquer ideia discriminatória ou segregacionista; (iv) limitabilidade, já que, por mais relevantes que sejam, os direitos fundamentais não são absolutos, até porque devem ter uma convivência harmônica entre si – os direitos fundamentais devem limitar-se reciprocamente, diante de um fato concreto que o exija, a fim de que eventual colisão seja superada; (v) concorrência, pois um único fato concreto pode ser protegido por mais de um direito fundamental – os direitos fundamentais são, por certo, cumuláveis; (vi) irrenunciabilidade, porque apesar de o titular de um direito fundamental poder cede-lo ou deixar de usá-lo *temporariamente*, certo é que não pode a ele *renunciar*, o que implicaria deixar de exercê-lo integral e eternamente; (vii) inalienabilidade, já que os direitos fundamentais não têm valor econômico-patrimonial e, por isso, são intransferíveis e inegociáveis. – eles

15 "O quadro desenhado revela, desta feita, o pronunciado caráter histórico que marca os Direitos Fundamentais, que, por outras palavras, 'não surgiram do nada', mas foram resultado de um processo de conquistas de alforrias humanitárias, em que a proteção da dignidade humana prosseguia ganhando, a cada momento, tintas mais fortes." (ARAUJO, 2010, p. 142)

são indisponíveis; (viii) imprescritibilidade, pois não prescrevem pelo não uso por um lapso de tempo, já que o exercício dos direitos fundamentais ocorre só pelo fato de serem reconhecidos na ordem jurídica – eles nunca deixam de ser exigíveis. Assim, desde que reúna as qualidades acima, o direito é fundamental, independente de sua topologia no documento constitucional, pois reunindo-as ele é inerente à dignidade humana.[16]

Considera-se que a primeira vez que a dignidade da pessoa humana foi colocada como direito fundamental tenha sido na Lei Fundamental da República Federal da Alemanha, cujo art. 1º, n. 1, declarou que "A dignidade humana é inviolável. Respeitá-la e protegê-la é obrigação de todos os Poderes estatais". Segundo José Afonso da Silva (2009, p. 37), a positivação constitucional desse princípio, que tem base filosófica, foi o fato de o Estado Nazista ter vulnerado gravemente a dignidade da pessoa humana mediante a prática de horrorosos crimes políticos sob a invocação de razões de Estado e outras razões.

De acordo com Emmanuel Kant[17], o humano é o único ser que existe como um fim em si mesmo, e não como meio a se atingir algo. "Ao contrário, os seres racionais são chamados de *pessoas*, porque sua natureza já os designa como fim em si, ou seja, como algo que não pode ser empregado simplesmente como meio e que, por conseguinte, limita na mesma proporção o nosso arbítrio, por ser um objeto de respeito." Assim, os seres humanos devem tanto oferecer ao próximo, como receber a si, o tratamento de fins em si, e não de meio. Todo ser humano é um fim em si mesmo, é uma pessoa, "centro de imputação jurídica, porque o Direito existe em função dela e para propiciar seu desenvolvimento." Essa é a pessoa portadora do atributo da dignidade.

Isto é, a dignidade está ontologicamente ligada na pessoa. Ela é da natureza da pessoa, que tem valor interno, superior a tudo o mais que existe, um fim em si mesmo, conforme leciona José Afonso da Silva (*idem*, p. 48): "vê-se que a dignidade é atributo intrínseco, da essência, da pessoa humana, único ser quc compreende um valor interno,

[16] Araujo, 2010, p. 140 a 148 e Silva, 2004, p. 184.

[17] Emmanuel Kant, *Fondements de la Métaphysique des Moeurs*, p. 104; *apud* Silva, 2009, p. 37.

superior a qualquer preço, que não admite substituição equivalente. Assim, a dignidade entranha e se confunde com a própria natureza do ser humano." A dignidade é um valor intrínseco no ser humano, que existe por si só, independente de lei que a constitua. Ela é uma qualidade do mundo do *ser*. A Constituição que reconheça a sua existência transforma-a num valor supremo da ordem jurídica, do mundo do *dever-ser*, sendo que esse reconhecimento é apenas declaratório, e não constitutivo.

> Concebido como referência constitucional unificadora de todos os direitos fundamentais [observam Gomes Canotilho e Vital Moreira], o conceito de dignidade da pessoa humana obriga a uma densificação valorativa que tenha em conta o seu amplo sentido normativo-constitucional e não uma qualquer ideia apriorística do homem, não podendo reduzir-se o sentido da dignidade humana à defesa dos direitos pessoais tradicionais, esquecendo-a nos casos de direitos sociais, ou invocá-la para construir 'teoria do núcleo da personalidade' individual, ignorando-a quando se trate de construir as bases da existência humana.[18]

Sendo assim, a dignidade é valor que deve ser observado em todos os setores da vida, como a ordem econômica, a ordem social, a educação etc. A liberdade religiosa, essencial à vida de cada pessoa e à sobrevivência da sociedade, até de forma a se evitar o caos, é direito fundamental, absolutamente conectado à dignidade humana, o que não deixa dúvidas Jónatas Machado:

> A doutrina e a jurisprudência não se cansam de sublinhar a íntima relação que se estabelece entre a liberdade de consciência, religião e culto e a dignidade da pessoa humana, ao mesmo tempo que sublinham que este é o valor mais elevado do sistema de direitos fundamentais. Ele repousa na dignidade do indivíduo enquanto sujeito dotado de competência moral-prática, insusceptível de ser tratado como um simples meio para atingir um fim. (Machado, 1996, p. 192)

[18] Cf. *Constituição da República Portuguesa anotada*, pp. 58 e 59; *apud* Silva, 2004, p. 105.

Aqui, o autor faz referência ao entendimento kantiano de ser humano, ser de valor supremo intrínseco, que é um fim em si mesmo. O ser humano, dotado de dignidade inerente e independente de qualquer condição, não deve ser tratado como *meio* a nada, pois superior a ele nada existe. Ele é o fim último de todas as ações.

O próprio preâmbulo da Declaração Universal dos Direitos do Homem afirma que "o reconhecimento da dignidade inerente a todos os membros da família humana e dos seus direitos iguais e inalienáveis constitui o fundamento da liberdade, da justiça e da paz no mundo." Com isso, a declaração coloca a dignidade humana como fundamento da liberdade e, assim, da liberdade religiosa. De fato, a liberdade de consciência e de crença, a liberdade do pensar, são consequências inexoráveis da pessoa digna. Não há falar-se em dignidade sem essas liberdades. A dignidade da pessoa fundamenta a sua liberdade de ter uma religião ou não, a liberdade de ter uma crença, ou a de não ter crença alguma. Nesse sentido a lição de J. E. M. Machado (*idem*, p. 193):

> A ideia de dignidade da pessoa humana apresenta-se hoje imbuída de um conteúdo político-moral que, embora escorado na concepção judaico-cristã do homem criado à imagem e semelhança de Deus – isto é, portador de uma *Imago Dei* e enriquecido com os contributos da teologia católica e protestante, prescinde actualmente de qualquer vínculo confessional específico, sendo inadmissível a sua colocação ao serviço da promoção de uma particular *concepção* teológica da verdade objectiva ou de bem comum. Também ela sofreu, a partir do iluminismo, um processo de racionalização e secularização que a coloca presentemente num nível de generalidade suficientemente elevado para abarcar as ideias de livre desenvolvimento pessoal e social do ser humano, nas suas dimensões físicas, intelectuais e espirituais, e de garantia de recursos materiais que possibilitem o acesso a um nível mínimo de existência humanamente digna a todos os indivíduos. Assim entendida, a dignidade humana não é "propriedade" da religião em geral ou de uma confissão religiosa em particular.

A liberdade religiosa, como visto, integra o catálogo de direitos fundamentais, já que possui estreitos vínculos com a dignidade da pessoa humana. Celso Bastos (2001, p. 106) pronuncia que a liberdade de consciência e de crença é um direito fundamental assegurado constitucionalmente, e consiste na concretização da liberdade de expressão do pensamento, "que se encontra diretamente relacionada com o princípio da dignidade da pessoa humana". Complementa o autor:

> Vale dizer que a liberdade de consciência e de crença constam do art. 18 da Declaração Universal dos Direitos Humanos, que reza: "Todo homem tem direito à liberdade de pensamento, consciência e religião; esse direito inclui a liberdade de mudar de religião ou crença e a liberdade de manifestar essa religião ou crença, pelo ensino, pela prática, pelo culto e pela observância, isolada ou coletivamente, em público ou em particular." (Bastos, 2001, p. 106)

O Direito é fruto de produção cultural humana, longamente sedimentada, sendo imprescindível situá-lo na história a fim de melhor compreendê-lo. Os direitos fundamentais surgiram como 'liberdades públicas', consistindo essas nas prerrogativas que tem o indivíduo em face do Estado. Elas protegem uma área de interesses do indivíduo contra qualquer intromissão do poder estatal. Assim, num primeiro momento, as liberdades públicas funcionaram como uma inibição do poder soberano, gerando ao Estado prestação meramente negativa, de abstenção. Isso se fez necessário porque antes do surgimento das liberdades públicas dominava a ilimitação do poder estatal. Dessa forma, os direitos fundamentais de propõem a proteger (i) a liberdade da pessoa, (ii) as suas necessidades materiais e a (iii) preservação do ser humano.[19]

Em que consiste a liberdade? O pensamento liberal dá uma resposta simples à indagação do que seria liberdade: "é a faculdade presente em

[19] "Com efeito, essa natureza poliédrica [dos direitos fundamentais], voltada à proteção da dignidade humana em suas diversas dimensões, rende homenagens a um quadro histórico, pautado por uma evolução do ordenamento jurídico, que, antepondo-se a agressões variadas à dignidade do ser humano (escravidão, tortura, imposições religiosas, miséria etc.), foi respondendo com a criação de novas instâncias de alforria do cidadão, com novos círculos de proteção, que, a toda evidência, em uma relação de interação e de tensão dialética, vieram a ressignificar o próprio quadro das relações econômicas e sociais." (Araujo, 2010, p. 133).

todo o homem de agir segundo a sua própria determinação, sem ter de suportar outros limites para além daqueles que são necessários para a liberdade dos outros" (BURDEAU, p. 37). Com tal definição, Georges Burdeau afirma que, para o liberalismo, a liberdade existe, sendo este um postulado que não admite debate ao seu respeito. Para o autor: "a liberdade é uma faculdade original do homem, indefectivelmente ligada à sua natureza, que não deve nada às autoridades sociais, quaisquer que elas sejam, e que, anterior ao poder, limita as suas prerrogativas. A liberdade não foi criada, a liberdade existe" (*idem*, p. 38).

Nessa toada, tem-se que os direitos que concretizam a liberdade são inerentes à pessoa humana. Esses direitos não devem nada, quanto à sua existência, às autoridades sociais, pois são direitos naturais. Isso quer dizer que esses direitos existem enquanto essenciais à pessoa, e não porque instituídos pelo poder público. O poder pode até regulamentar o exercício dos direitos essenciais à liberdade humana, mas esses não dependem do poder para existirem.

> O essencial é que esses direitos e as liberdades que eles formulam podem ser, no seu exercício, regulamentados pelo poder, mas não dependem dele na consistência. A Constituinte "reconhece e declara", mas não cria. Enfim, essas liberdades são outros tantos obstáculos ao voluntarismo dos governantes. São direitos-barreira, direitos-limite, direitos-protecção. (Burdeau, p. 38)

A liberdade, assim, traz uma concepção do homem em que este é simultaneamente a fonte de seus direitos e a finalidade de todas as instituições políticas e sociais governamentais. A liberdade de religião pode ser classificada como liberdade pública, porque esse direito implica garantir ao cidadão uma área de atuação livre, que se deve manter isenta da intromissão estatal. Entretanto, há que se ponderar que a abstenção do Estado não deve ser absoluta, visto que a própria liberdade religiosa não é um direito absoluto. Hipótese pode haver em que o Estado deva agir a fim de garantir outros direitos fundamentais, como a vida, a segurança etc. e, sendo assim, essa atuação deverá ocorrer mesmo que seja no seio de uma confissão religiosa. A propósito, afirma Casamasso (2006, p. 253):

Em regra, qualquer intervenção nas crenças e na organização interna destas confissões mostrar-se-á incompatível com a laicidade. Isto não significa, entretanto, que o Estado laico tenha que tolerar quaisquer práticas ou atividades no interior das organizações religiosas. Neste sentido, as autoridades estatais não poderão ignorar as denúncias de discriminação e violação de direitos fundamentais praticadas pelas confissões religiosas.

A rigor, a exata medida em que a intromissão estatal na liberdade religiosa é aceita e legítima não é algo certo ou pré-definido, dependendo, isso sim, de análise casuística cautelosa, de forma que se não ofenda o direito fundamental da liberdade religiosa e, assim, a dignidade humana. Essa importante questão será retomada ao longo de todo o texto. A seguir, faz-se importante analisar o surgimento do próprio poder estatal, a fim de se pesquisar como a laicidade surgiu e por que a liberdade religiosa tem os contornos que tem na atualidade.

1.2. Estado e religião: evolução histórica

1.2.1. Da pré-história ao Estado Moderno

Na *pré-história* não havia Estado, devido à extrema simplicidade da estrutura do poder e a sua não institucionalização, em especial porque a força física não era monopólio de ninguém, sendo o nomadismo preponderante.

Na *Antiguidade* surgiram as cidades. Sabe-se que os povos de toda a antiguidade clássica se reuniam em cidades; eram, então, *cidadãos*, que se submetiam à lei, que para eles era sagrada e imutável, fruto de um poder divino e integrante da religião. A religião comandava toda a sociedade e o poder, a começar pelo próprio calendário, que era regulado apenas pelas misteriosas leis da religião, que só os sacerdotes conheciam. Quanto ao poder, sabe-se que não havia um único ato da vida pública em que não se fizesse intervir os deuses, sendo que "o povo só se reunia em assembleia nos dias permitidos pela religião" (Coulanges, 2001, 176). Em suma: na antiguidade, religião, direito e governo confundiam-se, era um só poder, o divino.

O culto religioso era doméstico e consistia num banquete, chamado *sacrifício*. A comunicação que o homem fazia para com a divindade era preenchida por essa refeição, que se acreditava ter o poder de salvar a cidade. Esses banquetes eram verdadeiras cerimônias religiosas, e o seu ritual, tradição advinda dos antepassados, deveria ser rigorosamente seguido, de forma que qualquer modificação que se fizesse poderia provocar a fúria dos deuses em prejuízo de toda a cidade. "Esses antigos costumes nos dão uma ideia do estreito vínculo que unia os membros de uma cidade. A associação humana era uma religião; o seu símbolo, o banquete comum" (*idem*, p. 170 a 174). A rigor, religião, para os antigos, consistia em ritos, cerimônias e práticas de culto exterior, ideia bem diferente da que se tem atualmente, em que prevalece a oração a um Deus, símbolo de fé (*idem*, 185).

É da essência humana o conhecimento de sua mortalidade, o que pode ser considerado o seu maior temor, apesar de certa e inevitável a morte. Portanto, o homem sempre precisou buscar meios de compreender a sua própria finitude. A morte é o maior temor humano, e é exatamente aí que entra a religião, com a proposta de salvação (Ferry, 2007, p. 20). A religião sempre exerceu o papel de procurar confortar o homem diante da certeza da morte, dando-lhe o caminho para se alcançar a salvação, a vida eterna, por meio da fé. Os filósofos gregos, paralelamente à religião, também tentavam confortar o homem diante da inevitável finitude da vida. No entanto, a solução que a filosofia dá não é baseada na salvação por outra pessoa, um ser transcendente, comumente denominado Deus, mas sim pela própria pessoa.

> Se a filosofia, assim como as religiões, encontra a sua fonte mais profunda numa reflexão sobre a "finitude" humana, no fato de que para nós, mortais, o tempo é realmente contado, e de que somos os únicos seres neste mundo a ter disso pela consciência, então, é evidente que a questão de saber o que vamos fazer da duração limitada não pode ser escamoteada (Ferry, 2007, p. 31). Mas, como você agora já compreendeu, [para a filosofia] essa salvação deve vir não de um *Outro*, de um Ser "transcendente" (o quer dizer "exterior e superior" a nós), *mas, na verdade, de nós mesmos.* A filosofia deseja que encontremos uma saída por nossas próprias forças, pela via da simples razão, se pelo menos conseguirmos usá-la como necessário: com precisão, audácia e firmeza. Certamente é o que Montaigne quer dizer quando, fazendo alusão à sabedoria dos antigos filósofos gregos, afirma que "filosofar é aprender a morrer" (*idem*, p. 28).

Pode-se dizer que a filosofia teria nascido na Grécia, por volta do século VI a.C., o chamado "milagre grego". *Antes da filosofia, o que ocupava o seu lugar eram as religiões.* "Em todas as civilizações que conhecemos, sem contar a Antiguidade grega, e antes dela, as religiões ocupavam o lugar da filosofia" (*idem*, p. 34). Eram as religiões as únicas fontes a que se socorriam os homens para buscar o conforto contra o temor da morte.

As gerações mais antigas, bem antes da existência de filósofos, já acreditavam numa segunda existência, além da terrena, que seria uma continuação da vida, na própria terra, junto aos mortais (COULANGES, 2001, p. 13). "Consoante às mais antigas crenças dos povos itálicos e gregos, não seria em outro mundo que a alma viveria essa sua outra existência; ficaria perto dos homens, continuando a viver na terra, junto deles" (*idem*, p. 14). Por mais superadas e incríveis que possam parecer as crenças antigas, não se pode negar que elas exerceram grande poder sobre o homem por muitos e muitos anos, a ponto de comandarem a sociedade, dando origem a várias instituições sociais dos antigos.

Os direitos individuais não existiam na antiguidade. Inexistia um direito à liberdade individual contra a autoridade. O homem helênico não se julgava capaz de direitos em face da cidade e dos deuses. Como bem descreveu Pontes de Miranda (1971, p. 118):

> Os povos antigos desconheceram garantias jurídicas, *a fortiori* constitucionais, da liberdade de *consciência* e de *crença*. Não só lhes faltava o nome jurídico (...), não havia *direitos do homem* em geral, ausência que ressalta nos escritos de ARISTÓTELES (...) e, de modo nenhum, direito subjetivo público.

Da mesma forma, inexistiu liberdade religiosa na antiguidade. Havia dependência absoluta dos homens em relação aos deuses, em relação à religião da época. Isso é o que afirma Fustel de Coulanges (*idem*, p. 184), contrariando o entendimento de Montesquieu, para quem a religião seria subordinada ao Estado. Para o primeiro, havia dependência absoluta dos homens em relação aos deuses, e mais, do Estado em relação à religião. E continuou:

> Nem romanos nem gregos conheceram os tristes conflitos, tão comuns em outras sociedades, entre a Igreja e o Estado. Mas isto deveu-se unicamente ao fato de, tanto em Roma, como em Esparta ou Atenas, o Estado achar-se submetido à religião. Não que houvesse um corpo de sacerdotes a impor sua vontade. O Estado antigo não obedecia a um clero, mas era submetido à sua própria religião. Estado e religião estavam tão intimamente unidos que seria impossível não só fazer ideia do conflito entre eles, mas mesmo diferenciá-los entre si (*idem, ibidem*).

Para o autor, a liberdade individual não existia devido ao seguinte fato: a cidade havia sido fundada sobre uma religião e constituída como uma igreja. Ora, uma sociedade organizada sob tais princípios não poderia mesmo dar azo a liberdades individuais. "O cidadão estava submetido em tudo, e sem reservas, à cidade; pertencia-lhe inteiramente" (*idem*, 248). O homem, continua, não escolhia suas crenças, pois ele era obrigado a submeter-se à religião da cidade à qual pertencesse. Em conclusão: "A liberdade de pensamento, em matéria de religião, era absolutamente desconhecida entre os antigos. (...) Os antigos, portanto, não conheciam a liberdade nem da vida privada, nem de educação, nem a liberdade religiosa." E mais: "A pessoa humana tinha bem pouco valor perante essa autoridade santa e quase divina que se chamava *pátria* ou *Estado*" (*idem*, p. 251). De fato, a partir do momento em que se carrega a cidade de conotação divina, sagrada, ligada às regras e aos castigos dos deuses, ela se torna, assim como os deuses, intangível e incontestável. Colocar a cidade no nível imanente e superior dos deuses não dá margem a sequer pensar-se em qualquer liberdade do homem.

Como se nota, na Antiguidade, Estado e religião estavam intimamente ligados, de forma que um não existia sem o outro, sendo o Estado moldado e submetido pela religião. "A vitória do cristianismo é o marco terminal da sociedade antiga" (*idem*, p. 412)[20].

[20] "Os esforços das classes oprimidas, a decadência da casta sacerdotal, o trabalho dos filósofos e o progresso do pensamento haviam abalado os velhos princípios da associação humana. Fizeram-se contínuos esforços para libertar o homem do jugo da velha religião, na qual não se podia mais acreditar; o direito e a política, assim como a moral, soltaram-se aos poucos de suas cadeias. (...) Com o cristianismo, não só o sentimento religioso se reavivou, mas dirigiu-se a metas mais elevadas e menos materiais. Enquanto outrora se

Na *Idade Média* a autoridade central ficou enfraquecida: as atividades legislativa, judicial e administrativa eram disputadas entre os reis, a Igreja, a nobreza (os senhores) e as corporações. Havia uma incontável multiplicidade de ordens jurídicas e uma permanente instabilidade política, econômica e social. Na época, o *Cristianismo*, com a ideia de que cada pessoa foi criada à imagem e semelhança de Deus, teve uma grande contribuição na valorização do indivíduo, que passou a ser um reflexo de Deus na Terra. A passagem do Novo Testamento em Mateus 22,21, em que Jesus diz: "Devolvei, pois, o que é de César a César, e o que é de Deus a Deus", mostra o início do reconhecimento de uma fronteira entre as esferas da religião e da política.

> A passagem torna-se emblemática, seja da superação do monismo teocrático, seja da consagração do dualismo, expresso pela ideia de que a sociedade é composta por duas partes, dotadas de instituições gêmeas, quais sejam, a Igreja e o Estado. (Casamasso, 2006, p. 71)

Atribui-se à referida passagem bíblica a importância imensurável de ter, pela primeira vez na história, separado a religião (Deus) do Estado (César). No entanto, o que se percebe pelo estudo da história da época, é que tal separação não significava igualdade, mas a superioridade da Igreja em relação ao Estado, o que acabava por fragilizar o dualismo, "já que a religião cristã, ao menos em última instância, acabou impondo-se como referência legitimadora para os governantes, cujos atos passaram a ser questionados, freados e limitados com base na força dos valores cristãos" (*idem*, p. 76). Mesmo assim, essa primeira separação entre a religião e o Estado deve ser comemorada – mesmo que moderadamente apenas –, já que ela foi o primeiro passo rumo à dissociação definitiva entre Igreja e Estado. Por mais que ela ainda não representasse um grande avanço social, dada a superioridade da Igreja e a submissão do Estado a esta, a dualidade de hoje só se tornou possível devido a esse primeiro passo.

tinha endeusado a alma humana ou as grandes forças da natureza, começou-se agora a conceber Deus como sendo, na sua essência, realmente estranho à natureza humana e ao mundo material" (Fustel de Coulanges, ob. cit., p. 413).

A monarquia começou a receber as primeiras limitações na Idade Média, quando os reis pactuavam com os seus súditos acordos, pelos quais esses reconheciam a soberania monárquica, enquanto os reis faziam algum tipo de concessão. O exemplo mais ilustrativo desse acordo foi a *Magna Carta Libertatum*, efetuado entre a nobreza inglesa e o já enfraquecido Rei João Sem Terra, em 1215. Grande destaque desse instrumento era o *habeas corpus*, até hoje expoente máximo do direito à liberdade física. Alguns autores consideram que esse remédio constitucional teve sua criação no acordo da *Magna Carta*. Além disso, o seu § 39 assim dispôs:

> Nenhum homem livre poderá ser detido ou mantido preso, privado de seus bens, posto fora da lei ou banido, ou de qualquer maneira molestado, e não procederemos contra ele nem o faremos vir, a menos que por julgamento legítimo de seus pares e pela lei da terra.

Com isso, ilustra-se um importante passo rumo à valorização do indivíduo frente ao Estado, o que por si só é bastante emblemático, especialmente quando comparado ao cenário da antiguidade, narrado acima, em que o cidadão não gozava de direito algum em face da cidade em que vivia.

A queda do Império Romano do Ocidente havia transformado a Europa num espaço político rarefeito, constituído por estamentos e corporações, privilégios e imunidades (Machado, 1996, p. 27 e 28), ou seja, num ambiente dividido, inseguro e fértil para ambições de poder. "Só a Igreja Católica estava em condições de preencher o vazio político e cultural deixado pelo império romano e de reconduzir a pluralidade feudal a uma unidade de sentido" (*idem*, p. 28). O resultado disso foi uma gradual substituição do natural pelo sobrenatural, ou seja, "a subordinação de todas as esferas da vida a uma mundividência teológica fechada" (*idem, ibidem*).

No mesmo sentido a lição de Pontes de Miranda (1971, p. 119):

> Na Idade Média, a Igreja opôs-se ao Estado, de modo que a liberdade de consciência e de crença da pessoa foi apenas exterior à Igreja, reflexo da *libertas ecclesiae*, algo de direito coletivo da Igreja. Houve longo caminho a

percorrer até William Blackstone, em 1754, com os direitos fundamentais do Homem como direitos públicos subjetivos. Frise-se que o elemento germânico-inglês atuou profundamente e o texto da *Magna Charta libertatis* de 15 de junho 1215 foi significativo (...).

De fato, na Idade Média os direitos do homem começaram a dar os seus primeiros respiros, mas se estava longe ainda do grande avanço que viria anos depois. O clero exercia grande poder nos planos cultural, social e econômico, e acabou por adquirir inigualável relevância em relação ao poder dos monarcas. Era evidente a superioridade papal.

> Como sucessor de César, o Papa reclamava para si a suprema autoridade em questões políticas, exigindo a subordinação de todos os monarcas. Começa, assim todo um processo de verdadeira *imitatio imperii*, que culminará na apropriação pelo Papa dos títulos sacerdotais dos antigos imperadores romanos, como sejam, por exemplo, os de *summus pontifex* e *pontifex maximus*. No plano teológico, verdadeiramente decisivo, mobiliza-se o argumento da sucessão ininterrupta da cátedra de Pedro que coloca o Papa como Vigário de Cristo na terra, titular de todo o poder e condição última de legitimação e legitimidade de todo o poder temporal, considerado fundado numa delegação e numa investidura papal, devendo ser exercido dentro dos limites por elas determinado. (Machado, 2006, p. 29)

Em suma, a Igreja era a detentora de todo o poder, fosse político, fosse religioso, alegando tê-lo recebido diretamente de Deus. Gregório VI e Inocêncio III são exemplos de Papas que foram vistos à época como verdadeiros intendentes de Deus na terra. Jónatas Machado (*idem*, p. 29) não deixa dúvidas: "A regra era a da inteira submissão do príncipe à jurisdição da Igreja (...)." A Cristandade era prevalente em todas as esferas da vida medieval, desde jurídica, militar e cientifica até a cultural e artística. Vê-se, assim, que havia total subordinação do poder político, estatal, ao poder da Igreja Cristã, de modo que o Papa delegava ao Imperador o ofício de ser o "braço material da Igreja" (*idem*, p. 30).

O cenário acima descrito, de indiscutível primazia da teologia em todos os acontecimentos da vida comunitária, é denominado *libertas ecclesiae*. Essa é a denominação das prerrogativas da Igreja Católica, com pretensões teológicas exclusivistas. A Igreja usava a liberdade eclesiástica e toda a conotação dela advinda para justificar o seu poder, usando-a para argumentar o fato de que o Estado e a Igreja devem atuar de forma coordenada, consistindo o Estado num instrumento para ajudar a Igreja na "realização das suas superiores finalidades sobrenaturais" (*idem*, p. 36).

As contundentes palavras de J. E. M. Machado (*idem*, p. 50 e 51) mostram o que significava a liberdade eclesiástica da Idade Média:

> A liberdade eclesiástica, de natureza claramente institucional e exclusivista, não deixava lugar para qualquer liberdade religiosa na acepção jurídico-constitucional actual do termo. Ele transformava o terreno religioso num verdadeiro *jogo de soma zero* que [...] beneficiava unicamente a Igreja Católica. A liberdade religiosa individual era inexistente. A construção teológica objectiva das expressões *liberdade* e *consciência* resultava na impossibilidade do reconhecimento de um direito subjectivo de liberdade de consciência individual. Esse facto tornava possível o estabelecimento e a manutenção duma coligação da Igreja Católica com o Estado, com a consequente apropriação coactiva do espaço público, garantida através de medidas coactivas e censórias, com graves implicações na liberdade religiosa.

Esse cenário, em que dominava a *libertas ecclesiae*, perdurou durante toda a Idade Média. Pontes de Miranda (1971, p. 119) procura esclarecer o porquê de o terreno ter sido tão fértil à sobreposição da Igreja em relação ao Estado:

> Quando a religião cristã apareceu, já o Império romano dominava o mundo ocidental, impondo a sua 'paz'. Foi aí, nesse ambiente por bem dizer compacto, que medrou a nova religião. Ao se desmoronar o Império romano, que era a *unidade política*, persistiu o Império religioso, sombra dele, através de toda a Idade Média.

Entretanto, nem tudo foi negativo no período, pois, ao mesmo tempo em que a Igreja preponderava em relação ao poder estatal, esse foi o contexto em que se tornou possível o nascimento de importantes liberdade individuais. Segundo Pontes de Miranda (*idem, ibidem*), a liberdade religiosa teria nascido no mundo em que o Cristianismo se propagara. Isso porque, anteriormente, ou seja, na antiguidade, o Estado e a religião se confundiam, de forma que o Estado se impunha tal como a noção de Deus – superior, intangível e incontestável –, perante o qual o indivíduo não tinha valor considerável. Foi o cristianismo e a fé em que o homem teria sido criado à imagem e semelhança de Deus que possibilitaram a maior valorização do homem enquanto indivíduo.

No entanto, essa valorização do indivíduo ainda era apenas um esboço, e o que se percebia, na verdade, eram a fragilidade e a instabilidade das relações da Idade Média, circunstâncias que levaram ao surgimento do Absolutismo, na chamada *Idade Moderna*.

1.2.2. Do Estado Moderno ao Estado Constitucional

1.2.2.1. O Estado Moderno

O Estado Moderno, também chamado de *Estado de Polícia*, foi o período marcado pela circunstância de o Estado ser irresponsável – *The king can do no wrong* –, frase essa que conota o fato de que, em face dos súditos, o príncipe não tinha limites jurídicos. A prerrogativa de editar leis era do rei, que a elas não se submetia. O período é caracterizado pela formação do Estado, com a centralização do poder em torno de um soberano, poder esse ilimitado e não sujeito a controle.

Diante de tais elementos, não havia mesmo força para que existissem direitos individuais contra o Estado, mas tão somente dos indivíduos nas suas recíprocas relações, o que já representa um avanço em relação à Idade Média.

> Até então a legitimidade do rei fundamentava-se em três pilares: um pilar tradicional, a sucessão dinástica; um pilar carismático, consistente no elemento sacro e mágico, expresso pela coroa; e um pilar racional, a conveniência das teorias do direito natural e do Absolutismo. (Kriele, 1980)

Foi neste período que a separação entre o Estado e a Igreja ficou mais marcante, pois o processo de modernização promoveu a supremacia da política e o recuo da religião, em contraposição ao cenário da Idade Medieval. Segundo Casamasso (2006), foram três os acontecimentos responsáveis pela elevação do Estado e a submissão da Igreja:

(i) o Estado Moderno, (ii) a Reforma e o Protestantismo e (iii) a secularização. O Estado Moderno representa a supremacia da força política, concentrada nas mãos do monarca absolutista, em detrimento da Igreja. A Reforma e o Protestantismo ocasionaram a quebra do monopólio religioso mantido até então pelo Catolicismo, e representaram um duro golpe contra a ordem político-religiosa medieval, provocando uma profunda mudança nos laços que prendiam a política à religião (Casamasso, 2006, p. 94).

Já a secularização é o processo pelo qual as pessoas, perdendo confiança num outro mundo ou no sobrenatural, abandonaram suas crenças religiosas, ou pelo qual a religião perdeu a sua influência na sociedade. Ela passou a se referir à transição do mundo religioso ao mundo não religioso (*The Oxford Dictionary of World Religions*, p. 871). A secularização representa a transferência de todas as esferas da vida social do discurso teológico para o racionalismo. O transcendental não mais garantiria a legitimidade das ações da vida em geral, mas o terreno, a razão. A religião não mais funcionaria como o grande e insubstituível instrumento de coesão social.

> A esta luz, compreende-se que a luta contra a intolerância religiosa e a afirmação de um discurso jurídico-constitucional mais inclusivo arrasta consigo a secularização das esferas da vida social. Esta consiste, nas palavras de Swomly, no processo pelo qual a sociedade se afastou do controlo da Igreja, de forma que a ciência, a educação, a arte e a política ficaram livres da conformidade com o dogma teológico e as hierarquias eclesiásticas. (Machado, 1996, p. 93)

Jónatas Machado (*idem, ibidem*) leciona que foi a Reforma Protestante a responsável por desencadear o processo que iria mudar o curso dos acontecimentos na Europa e em todo o mundo. Para o autor, a Reforma Protestante, por quebrar a unidade político-religiosa da Cristandade, seria a verdadeira responsável pelo fim da Idade Média, cerca de cinquenta anos depois da queda do Império Romano do Ocidente.

Thomas Hobbes (*Leviatã*), John Locke (*Carta sobre a Tolerância*) e Montesquieu (*O espírito das leis*) defenderam a separação do Estado da Igreja e tiveram inigualável relevo na nova concepção de Estado

Moderno. Nicolau Maquiavel (*O Príncipe*) e Jean Bodin (*Six Livres de la Republique*) também foram essenciais na formação das bases do Estado Moderno. Segundo Machado (*idem*, p. 62), "é nessa altura que as expressões Estado e soberania começam a ser utilizadas num sentido muito próximo ao atual (...)".

O advento do Estado Soberano moderno mostrou-se como a solução para a liberdade individual, pois acabou por diminuir os conflitos teológicos, por meio do estabelecimento da tolerância religiosa e da paridade confessional (RIBEIRO, 2002, p. 47 e 48). Pontes de Miranda (1971, p. 120 e 121) explica que, quando se formaram os Estados, tornou-se bem mais difícil a coexistência do Império religioso com o político, agora unificado, mais poderoso e forte. Assim, a religião teve de se adaptar a essa nova situação em que o seu poder se viu submetido ao poder estatal, e isso se deu por meio de compromissos, ou seja, ajustamentos entre o Papa e os reis.

O processo de abertura à liberdade individual iniciado pela Reforma Protestante culmina na argumentação jurídico-constitucional centrada na consideração dos indivíduos como cidadãos livres e iguais, com predomínio da liberdade religiosa e da separação das confissões religiosas do Estado. A Reforma Protestante foi, em suma, o mais importante ponto de partida rumo à liberdade religiosa. Assim:

> A Reforma Protestante constitui um marco fundamental na história do pensamento e das instituições políticas do mundo ocidental. Ela vai comprometer decisivamente as aspirações de unidade teológico-política da Cristandade, colocando sob forte pressão o conceito da *libertas ecclesiae*, com a sua dupla face de privilégio e de exclusão. O pluralismo religioso emergente obriga à discussão e resolução do problema da tolerância. Vai ser precisamente no contexto das controvérsias então ocorridas que são edificados os pilares do constitucionalismo liberal, designadamente o conceito moderno de liberdade de consciência e de religião que lhe anda intimamente associado. (MACHADO, 2006, pp. 53 e 54).

O Estado Moderno, marcado pela unificação – em contraposição à divisão feudal da Idade Média – e pelo poder nas mãos do monarca, não dava azo ao poderio da Igreja, circunstância que, aliada à Reforma

Protestante, ensejou o nascimento e o fortalecimento da liberdade religiosa, lembrando que esse processo se iniciara no Cristianismo medieval – mas apenas sutilmente, por meio da ideologia de que o homem era a imagem e semelhança de Deus.

Importante ressalvar, contudo, que a liberdade religiosa não era tal como hoje, pois as confissões religiosas nascidas da Reforma tinham a pretensão de se tornar a religião oficial do poder público, ocasionando conflitos armados extremamente violentos. Guerras de motivação religiosa eram uma frequente na Europa do século XVI e XVII. Com isso, o Estado soberano mostrou-se verdadeira solução política para essas guerras religiosas, e assim se via cada vez mais forte, e o poder, legítimo. Mas o fato é que esse foi o berço da liberdade religiosa, que, a partir da Reforma Protestante, foi *gradualmente* alcançando o *status* de direito fundamental, por meio das guerras religiosas e do surgimento de grupos puritanos radicais.

Vale destacar que não foi na Europa, mas nos Estados Unidos da América, que a liberdade religiosa evoluiu à constitucionalização. Na primeira das dez emendas da Constituição de 1787 há duas cláusulas sobre religião. A primeira garante o livre exercício da religião (*free exercise clause*) e a segunda o princípio da separação entre o Estado e as confissões religiosas (*establishment clause*). Essa foi a primeira vez em que a liberdade de religião se viu estabelecida numa Constituição Federal.[21]

Ao contrário do entendimento anotado até aqui e defendido pela maioria dos autores, Pontes de Miranda (1971, p. 120) leciona que se deve evitar o "erro vulgar" de se atribuir à Reforma a descoberta do princípio da liberdade religiosa. Para o autor, tal princípio brotou primeiro no terreno da psiquê do homem, como parcela da *liberdade de pensamento*, e vinha fazendo, desde séculos, o seu caminho subterrâneo. Esclarece ele que não se pode atribuir o princípio da liberdade religiosa à Reforma porque "o fanatismo e a intolerância de Lutero e de Calvino continua-

[21] "A Constituição Norte-americana, de forma pioneira, alojou o direito à liberdade religiosa, outorgou-lhe a posição de *the first right*, consagrando-o na Primeira Emenda constante do Bill os Rights de 1791. É a famosa *free exercise clause*, que aparece em conjunto com a ideia de separação das confissões religiosas do Estado, denominada *establishment clause*." (Ribeiro, 2002, p. 50).

ram a tradição eclesiástica", tradição essa que nem de longe denotava *liberdade* (de crença), devido às suas inegáveis aspirações exclusivistas e dominadoras. E continua o autor:

> Tampouco, foi a liberdade de religião fruto de Revoluções. Na França, a Declaração de Direitos do Homem e do Cidadão omitiu no rol dos direitos fundamentais a liberdade de religião. Todos sabem que se quis forjar, depois, religião de Estado. Na Alemanha, vemo-la em 1848, mas logo anulada pela Assembleia Nacional de Francofurte. Depois, apareceu na Declaração de Direitos de 1850; e a evolução demorou até 1919, para logo ser destruída a partir de 1933. Volveu após a guerra.

Ainda segundo Pontes de Miranda (*idem, ibidem*), os inícios da liberdade religiosa foram simples tratados de paz entre duas religiões interessadas em cessar a luta. Aos poucos, outras religiões foram sendo admitidas. Esse era o regime da tolerância. Onde uma religião preponderava, as outras eram toleradas. Havia uma precisa divisão entre a religião dominante e as outras, as meramente toleradas. Vigorava o espírito da tolerância religiosa no lugar da liberdade religiosa.

> Em vez de se falar de liberdade religiosa, falava-se de tolerância religiosa, espírito de tolerância, e outros conceitos semelhantes. Em 1789, Mirabeau e Tomás Paine puseram o dedo na chaga. Zurziram as ideias de religião "dominante" e de "tolerância". O último foi assaz claro e feliz: "A tolerância", dizia ele, no estudo sobre os Direitos do Homem, "não é o oposto à intolerância, mas a sua falsificação. Ambas são despotismos. Uma se atribui a si mesma o direito de impedir a liberdade de consciência, e outra, o de autorizá-la". A "tolerância" era resto de pensamento despótico. (*idem*, p. 122)

Ao mesmo tempo em que no campo da religião se experimentava o início do processo de libertação, no campo político o absolutismo totalitário era dominante, situação aparentemente paradoxal, mas, na verdade, bem compreensível quando se analisa atentamente o quadro da época, em especial a Reforma e a queda de monopólio religioso da Igreja Católica. Em resposta ao regime totalitário as ideias *liberais* foram gradualmente surgindo na Inglaterra do século XVII.

A rigor, a Inglaterra sempre foi governada por monarquia constitucional, situação em que a Coroa era limitada pelo Parlamento como expressão da soberania do povo (processo iniciado já em 1215, pela *Magna Carta Libertatum*). O Parlamento inglês nunca poupou esforços na árdua tarefa de frear as pretensões absolutistas dos monarcas. O segundo *Bill of Rights* que o Parlamento impôs à Coroa, em 1689, tinha treze artigos que estabeleciam princípios de liberdade individual, especialmente de ordem religiosa, e é considerado pelos autores o início do que viria a ser o *liberalismo*.

1.2.2.2. O liberalismo em foco

O liberalismo (a ideologia liberal), nascido em resposta aos abusos absolutistas dos monarcas, marca o nascimento de vários e importantes direitos fundamentais da atualidade, como o princípio do juiz natural e a proibição de tribunal de exceção, todos necessários à garantia dos direitos do indivíduo em face do poder soberano. Esses princípios refletiram primeiramente na América do Norte, sendo proclamados na Declaração de Virgínia, em 1776, na Constituição Federal de 1787 e em todas as Constituições estaduais das antigas colônias inglesas que compuseram a federação norte-americana.

Procurando definir liberalismo, Georges Burdeau (1979, p. 43) esclarece que "O liberalismo é uma filosofia, mas é também um momento da história", e completou: "o liberalismo é, certamente, uma doutrina da liberdade, mas da liberdade na ordem" (idem, p. 45).

A liberdade, conforme conceituação constante da Declaração dos Direitos do Homem e do Cidadão de 1789 (art. 4º), "consiste em poder fazer tudo aquilo que não prejudique o próximo: assim, o exercício dos direitos naturais de cada homem não tem por limites senão aqueles que asseguram aos outros membros da sociedade o gozo dos mesmos direitos. Estes limites apenas podem ser determinados pela lei". Essa a essência da liberdade limitada pela ordem, ou seja, pela igual liberdade do outro. O exercício da liberdade não deve chegar ao ponto de prejudicar o outro, que tem a mesma liberdade que todos.

Burdeau (*idem, ibidem*) ensina que no momento em que se constrói a doutrina do liberalismo, a liberdade do indivíduo é a de um ser moral e racional, isto é, a de um ser humano respeitador dos ditames da consciência. Muito precisas as palavras de Locke a respeito: "embora o estado da natureza seja um estado de liberdade, não é de modo nenhum um estado de libertinagem".[22] Vê-se, portanto, que a liberdade, no liberalismo, não é absoluta, mas limitada pela igual liberdade do outro. É uma autonomia moralizada, respeitadora dos ditames da ordem. Vale notar as insubstituíveis palavras de Burdeau (*idem*, p. 40), ao enunciar as regras que a razão concebe como inseparáveis da liberdade:

> Não atentar contra as liberdades dos outros, não prejudicar a sociedade, não são preceitos jurídicos impostos pelo poder púbico, são antes normas inseparáveis da ideia que um homem justo e dotado de razão faz duma liberdade viável. Não há, pois, antinomia entre a liberdade individual e as exigências da ordem social. Nem os pensadores do "século das Luzes" nem os homens da Revolução encaram uma liberdade ilimitada na sua essência e que, quanto ao seu exercício, viria a ser limitada pelas leis, no interesse da vida comum.

O autor tece, também, duras críticas ao que denomina *liberalismo de segunda geração*, em contraposição ao liberalismo doutrinal primeiro, aquele em que se construiu as bases da liberdade ordenada aqui exposta. Nesse, o Estado é necessário para garantia da ordem. Destaque-se que o Estado é um aliado da liberdade do indivíduo. Mas, a partir do momento em que os indivíduos passam a exercer a liberdade abusivamente, esquecendo-se da reserva moral que a justifica, surge a ruptura entre o Estado e a liberdade. Sem o fundamento moral, a liberdade passa a ser justificativa dos abusos dos mais fortes. A liberdade torna-se privilégio de poucos e passa a significar a opressão de muitos. O Estado ressurge, então, ainda mais forte, devido à pretensão de salvaguarda dos mais fracos, contra a liberdade abusiva dos mais fortes. Seria exatamente contra esse fortalecimento do poder em detrimento da liberdade que teriam surgido os liberais de segunda geração, "aqueles que irão mutilar o liberalismo para limitarem ao domínio econômico a sua aplicação. Aos seus olhos, qualquer intervenção do poder público é condenável

[22] Locke, *Tratado do Governo Civil*, cap. 1, § 53; *apud* Burdeau, 1979, p. 39.

porque perturba o jogo da concorrência, atentando contra a liberdade dos agentes econômicos". (*idem*, p. 41)

A pretendida aliança entre indivíduo e Estado foi muito bem, até que abusos começaram a ocorrer:

> A perturbação veio do fato de nem a liberdade nem o Estado terem permanecido tais como os imaginava a ideologia liberal. Desembaraçada dos seus limites morais, a liberdade tornou-se a arma das ambições e dos apetites; liberto da sua subordinação aos imperativos da ordem natural, o Estado transformou-se em instrumento dum voluntarismo político que visava transformar o mundo. A partir daí, estava tecida a trama do conflito. (Burdeau, 1979, p. 43)

Nesse liberalismo *desconfigurado*, denominado de segunda geração, o Estado e a ordem não mais se colocam como aliados dos indivíduos e de suas liberdades, pelo contrário, passam a enfrentar-se numa oposição irredutível. Nada no pensamento dominante do século XVIII autoriza a colocar o indivíduo como rival ou adversário do Estado. Sim, a Revolução Francesa combateu o Estado, mas o Estado absolutista, este sim opressor da autonomia individual, já que se buscava um poder público que fosse instrumento de proteção dos direitos individuais.

O Estado, para os liberalistas de primeira geração, seria o agente de uma ordem social cujo desígnio está fixado para sempre pelas leis naturais. O homem e o Estado seriam aliados na busca da excelência da liberdade, pois o liberalismo tem necessidade de ordem e o Estado é quem, principalmente, a pode garantir (*idem*, p. 43).

Para ilustrar a necessidade de poder por parte dos liberais, vem à tona o fato de que o século XVI é o século da Reforma, mas também o século de Jean Bodin acima mencionado, em que houve o renascimento das forças do Estado, e o próprio nascimento do Estado na concepção contemporânea da palavra. Aquela representa a libertação das amarras da Igreja Católica Romana e, este, a força pública. E, no entanto, ao contrário do que se poderia supor, um não contraria o outro, justamente porque "a nova liberdade precisa desse novo poder para se proteger contra a intolerância e as barreiras morais que o dogmatismo das religiões fazia pesar sobre os homens" (*idem*, p. 45).

Assim, a Reforma *necessitava* do poder estatal, a fim de que a liberdade fosse garantida:

> Precisa duma autoridade laica capaz de opor, ao objectivo da salvação eterna, objectivos seculares. A liberdade precisa de paz. Ora essas aspirações só o Estado está em condições de as satisfazer. A uma sociedade dividida pelas guerras de religião, ele traz a unidade e a ordem. A uma classe burguesa ávida dos lucros da actividade econômica, e que se sabe capaz de os obter, ele fornece a conivência dum Estado para o qual, doravante, a procura da riqueza é um objetivo social não apenas atraente, mas legítimo. É claro que nem todos os espíritos se apercebem das bases desse poder, cujo advento marca os últimos anos do século XVI, mas compreendem pelo menos o que ele traz de imediato: a tranquilidade moral e a segurança material indispensáveis ao exercício duma liberdade cujo domínio era agora de ordem temporal. O Estado não era então o inimigo da liberdade; era condição dessa liberdade. (*idem*, p. 46)

Inegável a importância e a correlação existente entre o liberalismo e a liberdade religiosa. Enquanto no século XVII o liberalismo venceu o absolutismo monárquico, por meio do estabelecimento do regime constitucional inglês, em que o poder é controlado pelo povo diretamente ou por meio de seus representantes, no século XVIII o liberalismo venceu o imperialismo das religiões. Ainda segundo Burdeau, o liberalismo foi, sem dúvida, um filho de um movimento religioso, em que o Estado foi se afastando gradualmente da tutela das Igrejas. Sem a libertação espiritual advinda da Reforma o pensamento liberal sem dúvida não se teria desenvolvido. (*idem*, p. 100)

Havendo a separação cada vez mais nítida entre Estado e religião com o desenrolar do pensamento liberal, foi o *racionalismo* dos escritores do século XVIII que oficializou a ruptura, criticando de forma veemente e impiedosa a teologia e a moral religiosa. O racionalismo confere aos direitos e às obrigações uma concepção puramente laica, em que a Igreja não pode impor regras de conduta seja a que título for, exceto aquelas impostas pela própria razão humana. A moral passa a ser secular e apóia a busca do homem pelo êxito neste mundo, o que só é alcançado por meio de espírito empreendedor, com habilidade no mundo dos negócios. A moral passa a apoiar esse empreendedorismo, a busca pelo lucro e pelo sucesso temporal. Buscava-se a felicidade neste mundo, antes da felicidade eterna, que seria concedida no mundo espiritual.

Foi, como dito, o racionalismo que libertou o liberalismo das amarras da Igreja, presenteando-o com todas as ideias temporais acima expostas, concedendo verdadeiro alvará moral para aqueles que queriam buscar o sucesso, o lucro e a felicidade no mundo em que se vive. Burdeau afirma a respeito:

> O que interessa aqui ao nosso propósito é sublinhar a importância que revestiu para o liberalismo a separação entre a religião e a moral social. Essa ruptura, que é incontestavelmente obra do racionalismo, levou o pensamento liberal a considerar que a religião é uma questão privada entre o indivíduo e o seu Deus ou a sua Igreja. Naturalmente, o homem pode subordinar a sua conduta social à sua consciência religiosa, mas trata-se duma atitude que só a ele diz respeito. Inversamente, desde que a moral social se encontra separada da religião, as Igrejas devem abster-se de intervir no plano temporal na organização das relações sociais: o seu domínio é a salvação individual, e não é tarefa sua construir ou reformar a sociedade. As luzes da fé e as da razão não iluminam o mesmo mundo. (Burdeau, 1979, p. 101)

A frase acima transcrita resume o que o racionalismo e a ruptura entre a Igreja e a religião ocasionaram no mundo, em especial no modo de pensar e agir das pessoas, e vale a pena ser repetida, com o merecido destaque: "as luzes da fé e as da razão não iluminam o mesmo mundo." Essa nova maneira de pensar leva a três consequências muito importantes, segundo Burdeau (*idem*, p. 101 a 103): a primeira seria a libertação da conduta do indivíduo dos escrúpulos que a fé religiosa poderia nele suscitar. Assim, o individuo age segundo a sua razão, a sua consciência, e não por imposição de determinada fé religiosa. A segunda consequência da ruptura entre a religião e a organização da vida em sociedade consistiria na atribuição à religião de um papel subalterno, meramente consolador. Isto é, a religião serviria apenas para prometer a salvação eterna, de forma a compensar as injustiças do mundo temporal. Os sofrimentos do mundo seriam recompensados pela felicidade eterna. A terceira e última consequência seria colocar a religião como um problema exclusivamente privado. Essa é a laicidade do Estado e, com isso, o poder público é indiferente à religião e aos problemas sociais.

Vê-se, assim, que a laicidade tem as suas raízes no racionalismo liberal, responsável por extirpar a moral e os escrúpulos religiosos da organização social. A religião passa a pertencer à esfera privada de cada indivíduo, de forma a não se esbarrar no poder governamental.

Vistas as principais características do Estado Moderno, ouse-se dizer que as Revoluções Americana e Francesa – e as constituições delas resultantes – seriam o marco histórico do seu fim e o início da *Idade Contemporânea.*

1.2.2.3. Do Estado Contemporâneo ao Estado Constitucional

No período que se seguiu ao absolutismo, nascido do liberalismo e das Revoluções Americana e Francesa, os sujeitos de poder passam a submeter-se às normas jurídicas, cuja finalidade maior é impor limites ao poder estatal, poder esse agora *controlado* por seus destinatários. Surgia, assim, o *Estado de Direito,* ou seja, o Estado que realiza as suas atividades debaixo da ordem jurídica, em contraposição ao superado Estado de Polícia, acima analisado.

Quanto à liberdade religiosa, pode-se dizer que o Estado de Direito a fortaleceu, já que o Poder Político subordinou-se à lei. O Estado surgiu secularizado nos seus fundamentos de legitimação, sendo que os direitos fundamentais eram denominados *liberdades públicas*, por representarem uma limitação à esfera e ao poder de atuação do poder estatal. A *Declaração dos Direitos do Homem e do Cidadão*, havida na França em 1789, é também fonte primordial dos direitos fundamentais de hoje. Ela inovou ao referir-se a *toda a humanidade*, e não a um grupo limitado de pessoas. *Rousseau*, por meio da obra *Contrato Social*, deu à Declaração a formulação definitiva. Segundo a obra, os homens nascem livres e fundam a sociedade por meio de um contrato social. A fonte última do poder seria, portanto, o próprio indivíduo, que continuará no gozo de todas as prerrogativas das quais não abriu mão por ocasião do contrato social. Ademais, obedecendo à lei para cuja elaboração o indivíduo diretamente contribuiu, ele não obedece senão a si mesmo. Instituiu-

-se assim um culto à lei, que dominou todo o pensamento liberal. Sob influência de *Montesquieu*, o poder estatal era fruto de grande desconfiança, ocasionando a separação de funções.

A Revolução Francesa de 1789 deu início ao *Estado Liberal*, em contraposição ao Estado Absoluto, com a vitória das ideias liberais e a superação (pelo menos almejada) do totalitarismo. Neste novo modelo, a noção de poderes pessoais é substituída – muito devido a *Rousseau* – pelos poderes advindos da lei. É a lei a fonte de poder democrático, de modo que a soberania da lei é a principal marca característica do período. Para ilustrar referida supremacia, vale analisar a Declaração de Direitos de 1789, cujo art. 5º dispõe que: "Tudo o que não está proibido pela lei não pode ser impedido e ninguém pode ser forçado a fazer o que ela não ordena", e art. 3º que: "Não há em França autoridade superior à lei e somente em nome dela o Rei pode exigir obediência". A Revolução Francesa e a Declaração dos Direitos do Homem e do Cidadão de 1789 foram decisivas na consagração do direito de liberdade de opinião e de expressão, erigindo-o a direito natural, inalienável, sagrado e irrenunciável, conforme pontua Ribeiro (2002, p. 51).

Anteriormente à francesa, as Declarações Americanas que se sucederam a partir de 1776, também influenciadas por *Rousseau* e *Montesquieu*, além do liberalismo inglês, podem ser consideradas as grandes responsáveis pelos direitos fundamentais de hoje. As treze colônias inglesas na América declararam oficialmente a sua independência em 04 de julho de 1776. No entanto, apenas em 1783 o Reino Unido reconheceu oficialmente sua derrota e a independência das ex-colônias. Em 1787, representantes de todos os Estados americanos, soberanos, reuniram-se em Filadélfia e escreveram conjuntamente a Constituição Americana. Esta não incluía, inicialmente, nenhuma Declaração de Direitos. No entanto, dois anos depois, foram votados dez artigos adicionais, por meio de emendas, que continham a consagração dos direitos fundamentais. Outras emendas, mais tarde, vieram a alargar esse rol.

Como mencionado alhures, a liberdade religiosa foi garantida na Primeira Emenda, em duas cláusulas, a do livre exercício da religião e a da separação entre Estado e confissão religiosa. Esse foi, enfim, o cenário em que emergiu a proteção da liberdade do homem e do cidadão e, assim, a liberdade religiosa.

Em 1948 sobreveio a *Declaração Universal dos Direitos do Homem*, da Organização das Nações Unidas, que se preocupou, basicamente, com quatro ordens de direitos individuais: (i) os pessoais dos indivíduos (vida, liberdade, segurança), (ii) os do indivíduo em face da coletividade (nacionalidade, asilo político, propriedade), *(iii) as liberdades públicas (liberdade de pensamento, de expressão, religiosa, de associação etc.)* e (iv) os direitos econômicos e sociais (trabalho, educação etc.). A Declaração foi aprovada por meio da Resolução 217, na 3ª Sessão Ordinária da Assembleia Geral da ONU, em Paris, em 10.12.1948. Apesar de não ser um tratado internacional, é uma solene declaração de princípios de indiscutível relevância no plano internacional.

Ao longo dos anos, esses direitos humanos declarados universal e internacionalmente foram sendo constitucionalizados, passando a integrar concretamente os ordenamentos jurídicos dos países, transformando-se "em normas jurídicas, geralmente de direitos subjetivos aos indivíduos e penetrando, até mesmo com maior rigor protetivo, as Constituições dos diversos Estados" (ARAUJO, 2010, p. 142). Estava, assim, em pleno vapor, o Estado Liberal, que acabou por evoluir para o *Estado Constitucional*, que não trouxe uma contraposição com o anterior. O Estado Constitucional nasceu com a modernidade e tem por característica assegurar num único documento fundamental e superior os direitos fundamentais do cidadão e a consagração da separação de poderes. Seu objetivo fundamental é a limitação do poder, preservando os espaços da sociedade bem demarcados. A Constituição seria, assim, a grande limitadora do poder estatal e garante dos direitos das pessoas.

Em suma, as declarações de direitos assumiram, inicialmente, a forma de proclamações solenes em que, num articulado orgânico especial, se enunciavam os direitos. Depois, passaram a constituir o preâmbulo das constituições. Atualmente, integram as constituições, adquirindo o caráter de normas jurídicas positivas constitucionais. Consequentemente, os direitos fundamentais, agora constantes da Constituição, hão de ser respeitados pelo poder estatal:

> Pode-se dizer que o Estado de Direito em sua versão clássica e liberal atingiu os objetivos a que se propôs. Conseguiu implantar com razoável segurança e certeza uma concepção antitotalitária. A consagração do

princípio da divisão de Poderes, da garantia dos direitos fundamentais, da legalidade da Administração, da previsibilidade das medidas estatais, da fiscalização judicial do Poder. Esses os fundamentos da versão clássica do Estado de Direito (FIGUEIREDO, p. 432).

No constitucionalismo norte-americano, a jurisprudência da Suprema Corte, em especial após o julgamento do caso *Lemon v. Kurtzman*, vem fortalecendo o entendimento segundo o qual não é toda e qualquer interferência do Estado na religião que é inconstitucional, de forma que para aferir a alegada inconstitucionalidade há três princípios a serem perquiridos. Primeiramente se questiona se o ato tem o propósito secular, ou seja, laico; em segundo lugar se indaga se o seu efeito primário é a promoção ou a inibição da religião e, em terceiro, se pondera se o envolvimento do Estado para com a religião foi excessiva. Assim, caso o ato emanado do poder público seja com intuito secular, com reflexos apenas na religião, e de forma não excessiva, ele pode não ser declarado inconstitucional pela Suprema Corte Norte-Americana:

> Para interpretação dessa norma [*establishment clause*], o Supremo Tribunal desenvolveu o chamado *three pronged test*, composto por três princípios de controlo da actividade estadual pela primeira vez articulados na decisão do já citado caso *Lemon v. Kurtzman*. Daí que também se utilize a designação de *Lemon test*. De acordo com os critérios propostos, um acto dos poderes públicos não será inconstitucional pelo simples facto de prestar algum auxílio à religião. A inconstitucionalidade só se verificará, em princípio, 1) se o acto não tiver um propósito secular, 2) se o seu efeito primário for a promoção ou a inibição da religião, ou 3) se provocar um envolvimento excessivo entre os poderes públicos e a religião. Trata-se aqui de *conceitos sensores* (sensitizing concepts), relativamente indeterminados, cuja interpretação é deliberadamente deixada aos órgãos jurisdicionais (Bradley), gozando estes de uma certa margem de flexibilidade. (MACHADO, 1996, p. 315)

Isso mostra que a liberdade de religião evoluiu de tal modo nos Estados Unidos da América, que lá se discute em que medida o Estado pode apoiar algum evento ligado à religião, ao invés de simplesmente *se omitir* sempre. Isto é, a atuação dos poderes públicos pode interferir reflexa e moderadamente na esfera religiosa sem que isso signifique, necessariamente, violação ao princípio da laicidade ou da liberdade religiosa dos indivíduos.

Pode-se dizer que o constitucionalismo do século XX é marcado pela superação da perspectiva do liberalismo individualista, do que as Constituições mexicana de 1917 e a de Weimar de 1919 são os sinais mais evidentes, por abarcarem um ideário novo, de cunho social. Quanto a isso, precisas as palavras e Bandeira de Mello (1981, p. 235):

> Nelas está plasmada a concepção de que não basta assegurar os chamados direitos individuais para alcançar-se a proteção do indivíduo. Impende considerá-lo para além de sua dimensão unitária, defendendo-o também em sua condição comunitária, social, sem o que lhe faltará o necessário resguardo. Isto é, cumpre ampará-lo contra as distorções geradas pelo desequilíbrio econômico da própria sociedade, pois estas igualmente geram sujeições, opressões e esmagamento do indivíduo. Não são apenas os eventuais descomedimentos do Estado que abatem, aniquilam ou oprimem os homens. Tais ofensas resultam, outrossim, da ação dos próprios membros do corpo social, pois podem prevalecer-se e se prevalecem de suas condições sócio-econômicas poderosas em detrimento dos economicamente mais frágeis.

E, por fim, assim o afirma: "A consagração dos direitos individuais corresponde ao soerguimento de uma paliçada defensiva do indivíduo *perante o Estado*. A consagração dos direitos sociais retrata a ereção de barreiras defensivas do indivíduo *perante a dominação econômica de outros indivíduos.*" Essas palavras retratam com perfeição o momento em que se tornou insuficiente a doutrina liberal, de exagerado absenteísmo estatal, e fez-se necessária a atuação do poder público para a garantia dos próprios interesses individuais e coletivos.

O advento do *Estado Social* representou a evolução do Estado de Direito, numa tentativa mundial de abrandar as desigualdades sociais, a partir do entendimento de que o Estado não deve se limitar a garantir direitos, mas *deve agir de modo a proporcioná-los*. Surge a ordem econômica e social como direitos fundamentais, a propriedade passa a ter função social, havendo maior intervenção estatal no processo produtivo. A Constituição do México de 1917 e a de Weimar de 1919 são representativas do período, como acima referido.

> Constatou-se que a sociedade de massas demanda um Estado mais presente, um Estado que possa não só ser o garante da legalidade, mas, sobretudo, prover às necessidades vitais da comunidade como saúde, habitação, educação; além da segurança, propriedade, liberdade etc. (FIGUEIREDO, 2006, p. 433)

O Estado Social, mais do que simplesmente arbitrar os conflitos de interesses que porventura se manifestem no seio social, *dirige a sociedade*. Como o caracteriza Bonavides (2009, p. 203), o Estado Social significa intervencionismo, patronagem e paternalismo, o que não se confunde com socialismo, mas pode com este coexistir. Continuando a conceituação, o Estado Social:

> Comanda a direção da economia e impõe políticas sociais que acabam por conformar a vida de relação. Neste passo, as leis nem sempre podem ser permanentes. Devem atender às características conjunturais, sempre mutáveis, da sociedade técnica. (...) Se, no século XIX, a Lei é a magna carta da liberdade, no Estado Social, reduz-se a um ato finalisticamente orientado de constituição política. (CLÈVE, 1993, p. 53)

O liberalismo, fundamento do Estado de Direito, tinha seu modelo econômico calcado no absenteísmo estatal. Queria-se um Estado mínimo, com reduzidas funções, sem interferência na vida econômica. No entanto, a crise econômica do primeiro pós-guerra levou o Estado a assumir um papel ativo, de agente do desenvolvimento e da justiça social. Foi esse contexto que propiciou o florescimento da 'doutrina dos princípios', haja vista a necessidade de maior abertura dos canais de comunicação entre o mundo normativo (*dever-ser*) e o mundo dos fatos (*ser*). O Estado não podia mais ter a sua atuação engessada pelas regras jurídicas, de alta concretude e pequena abstração. O princípio da legalidade administrativa exigia maior abertura para se adequar às novas funções estatais. Os princípios, devido a sua natural abertura normativa, proporcionaram uma aplicação muito mais dinâmica do princípio da legalidade, bem diferente da 'lógica do tudo-ou-nada' aplicável às regras. Os princípios, haja vista a sua maior abstração, determinam a adequada interpretação das regras e permitem a integração do ordenamento, por meio do preenchimento das lacunas (Figueiredo, *idem, ibidem*). A utilização dos princípios foi essencial no Estado Social, positivamente atuante para ensejar o desenvolvimento e a realização da justiça social.

Em suma, do Estado Moderno ao Estado Social, o indivíduo foi galgando, gradualmente, uma maior proteção aos direitos fundamentais, em especial, à liberdade. Ao absolutismo totalitário predominante na era moderna, em que os direitos individuais estavam apenas 'engatinhando', sobreveio o Estado Liberal, preocupado em afastar, o máximo possível, o Estado de qualquer intromissão na esfera particular. Posteriormente, se viu que essa abstenção exagerada não era o melhor caminho, já que o indivíduo e a sociedade têm anseios que necessitam de uma atuação positiva por parte do poder público, o que deu origem ao chamado Estado Social, intervencionista. Conclui-se que o que se busca, desde os primórdios, é a proteção à pessoa e à sociedade, cuja felicidade se almeja, o que está intimamente ligado à liberdade religiosa e a laicidade.

1.2.3. O Estado Constitucional Cooperativo

Dentro do que se entende por Estado Constitucional, aquele cujo poder se exerce *sob* o comando de uma Constituição, Peter Häberle defende a busca pelo Estado constitucional *cooperativo*. Segundo o autor, o Estado constitucional cooperativo ainda não é um objetivo alcançado, ele se encontra "a caminho" (Häberle, 2007, p. 70). O Estado constitucional cooperativo é o que surge em contraposição ao Estado constitucional *nacional*, homogeneizante e negador das diferenças.[23]

A cidadania que hoje se requer numa sociedade plural, pois constituída por diversos grupos sociais e raciais, não é mais aquela consti-

[23] Nota introdutória do tradutor, Professor Doutor Marcos Augusto Maliska, à obra em estudo.

tuída nos moldes do tradicional Estado Nacional, mas sim aquela que procura combinar igualdade com respeito à diferença.[24] Peter Häberle, criador da teoria em comento, primeiro conceitua "Estado Constitucional" para depois esclarecer o que é o Estado constitucional *cooperativo* (*op. cit.*, p. 6):

> O conceito "Estado Constitucional" somente pode ser esboçado aqui como o Estado em que o poder público é juridicamente constituído e limitado através de princípios constitucionais materiais e formais: Direitos Fundamentais, Estado Social de Direito de Direito, Divisão de Poderes, independência dos Tribunais, – em que ele é controlado de forma pluralista e legitimado democraticamente. É o Estado no qual o (crescente) poder social também é limitado através da "política de Direitos Fundamentais" e da separação social (por exemplo, "publicista") de poderes. O Estado Constitucional é o tipo ideal de Estado da "sociedade aberta".

O Estado constitucional cooperativo é caracterizado por sua abertura ao meio, abertura ao mundo. Ele trata ativamente da questão de outros Estados, de instituições internacionais e supranacionais e dos cidadãos estrangeiros. A cooperação realiza-se política e juridicamente. O oposto típico ideal ao estado cooperativo é – dentro do espectro do tipo Estado Constitucional – o Estado Constitucional "egoísta", individualista e, para fora, "agressivo"; bem como o Estado totalitário com "sociedade fechada" (ex-União Soviética) e/ou o Estado "selvagem" (como a Uganda) (Häberle, 2007, p. 7, grifos do autor).

Resume Häberle (*idem*, p. 70) as características próprias do "Estado constitucional cooperativo": a primeira é a já mencionada abertura para relações internacionais com efeito de impor medidas eficientes no âmbito interno (permeabilidade), e a abertura global dos direitos humanos (não mais fechados no domínio reservado) e de sua realização "cooperativa". A segunda é o potencial constitucional ativo, voltado ao objetivo (e elementos isolados nivelados) de realização internacional "conjunta" das tarefas como sendo da comunidade dos Estados, de forma processual e material. A terceira é a solidariedade estatal de

[24] Idem.

prestação, disposição de cooperação para além das fronteiras: assistência ao desenvolvimento, proteção ao meio ambiente, combate aos terroristas, fomento à cooperação internacional também a nível [*sic*] jurídico privado.

E continua dizendo que (*idem*, p. 15):

> A *cooperação* no Estado Constitucional não pode ser descrita definitivamente ou até mesmo "catalogada": isso iria contrariar sua abertura e a espontaneidade das formas isoladas de cooperação. Intensidade e grau, matérias, processos e instrumentos de cooperação ocupam uma considerável *amplitude de variação*. A rigor, há Estados Constitucionais que também já se encontram textualmente, adiantados como a Lei Fundamental; mas também há Estados que são concebidos "de forma mais soberana" e voltados para si, e assim, entendidos, praticamente, como "egocêntricos", pouco voltados ao Direito Internacional e que agem abertamente (como a França). Em todos os casos, depara-se com diferentes níveis e graus de estatalidade cooperativa que estão vinculados, consequentemente, a razões históricas específicas.

Em suma, o Estado constitucional *cooperativo* é aquele que se coloca no lugar do Estado constitucional *nacional*. Ele representa a mudança do direito internacional de coexistência para o direito de cooperação na comunidade (não mais sociedade) de Estados, cada vez mais imbricada e constituída, e desenvolve com ela e nela o "direito comum de cooperação". A sociedade aberta dos intérpretes da Constituição torna-se internacional.

E ainda, no Estado constitucional cooperativo, o elemento nacional-estatal é relativizado e a pessoa avança – para além das fronteiras estatais – para o ponto central (comum) da atuação estatal (e inter ou supraestatal) da "realização cooperativa dos direitos fundamentais". Assim, pode-se dizer que o Estado Constitucional Cooperativo é aquele que coloca os direitos humanos em primeiro lugar, protegendo-os mesmo que além dos limites territoriais, em regime de cooperação com os outros Estados igualmente soberanos.

1.3. Uma classificação para os direitos fundamentais

Baseando-se na evolução histórica acima enunciada, costumeiramente classificam-se os direitos fundamentais como de primeira, de segunda ou de terceira geração. Essa classificação é de interesse ao estudo da liberdade religiosa a partir do momento em que se torna possível encaixar tal direito fundamental em alguma – ou algumas – das categorias, possibilitando análise detalhada deste.

Os direitos fundamentais de *primeira geração* são os individuais e políticos. São as liberdades públicas negativas, que limitam o poder do Estado, impedindo-o de interferir na esfera individual. Têm na *liberdade* o seu fundamento. Resultaram da ideia de Estado Liberal, omissivo. São exemplos o direito à vida e à intimidade e a *liberdade religiosa*. Os direitos fundamentais de *segunda geração* são os sociais, econômicos e culturais. Têm na *igualdade* o seu fundamento. Eles impõem uma atuação do Estado na proteção da dignidade humana, em contraposição ao absenteísmo anterior. O Estado deve se fazer presente por meio de ações voltadas a minorar os problemas sociais. Os direitos fundamentais de *terceira geração* são os direitos à paz, ao desenvolvimento econômico, à comunicação etc. Têm na solidariedade ou na *fraternidade* o seu fundamento. Encaram a proteção do corpo social, do gênero humano, tais como do meio ambiente, do consumidor, da infância e da juventude etc. Enfoca-se o ser humano em conjunto com o próximo, e não apenas como indivíduo[25].

Alguns autores vêm incluindo uma nova geração de direitos (a *quarta geração*), que seria resultado da globalização do Estado neoliberal. Seriam os direitos à democracia, à informação e ao pluralismo (Paulo Bonavides). Já Norberto Bobbio entende que seriam direitos de quarta geração aqueles referentes à pesquisa biológica, que permitirão manipulações do patrimônio genético de cada indivíduo. Essa classificação não é pacífica entre os autores.

A propósito afirma Casamasso (2006, p. 254):

> Ao referirmos a dimensão subjetiva dos direitos fundamentais, afirmamos que sua tarefa precípua consiste em *servir ao indivíduo*. Mencionamos,

[25] Conforme Araujo, 2010, pp. 138 a 141.

também, que esta forma de *servir* já sofreu transformações ao longo da história, nomeadamente em virtude da decadência do modelo liberal de Estado.

E continua, referindo-se especificamente à liberdade religiosa (*idem*, p. 260):

> Em primeiro lugar, deve-se atentar para o fato de que a liberdade religiosa que emerge da primeira onda do Constitucionalismo apresenta-se como uma autêntica liberdade negativa – como um direito à não interferência. Ora, as funções de promoção e de participação, que despontam especialmente a partir do declínio do Estado liberal, representam autênticas liberdades positivas – como direitos de fazer e de participar. Ao assumi-las, a liberdade religiosa sofre uma mudança de paradigma: de autêntica liberdade negativa, torna-se uma liberdade negativa e positiva. Dada a sua relativa novidade, ainda carece definir com precisão os termos e os limites desta transformação em um contexto constitucional de otimização de direitos e liberdades. Em segundo lugar, é preciso considerar que ao acrescer ao seu paradigma de liberdade a liberdade positiva, a liberdade religiosa parece ressuscitar os riscos de uma perigosa aproximação entre o Estado e as confissões religiosas. O desafio que se coloca, portanto, é fazer com que o reconhecimento do papel social da religião em um cenário de democracia e de respeito à dignidade da pessoa humana não ameace a laicidade.

Como visto, a liberdade de religião nasceu como um direito fundamental exclusivamente de primeira geração, necessitando de uma abstenção do Estado para que fosse preservada. Com o tempo, ela se desenvolveu de modo a se tornar, também, direito fundamental de segunda geração, por requerer também uma atuação do Estado na proteção da dignidade humana. A exata medida em que essa atuação é legítima e constitucional não tem os contornos definidos de forma precisa, seja pela doutrina, pela lei ou pela jurisprudência, sendo por enquanto um campo aberto de limites incertos.

Capítulo 2
Liberdade de Religião: Abordagem Analítica

2.1. Religião: tentativa de conceituação

"Uma coisa estranha sobre religião é que nós todos sabemos o que ela é até que alguém nos peça para explicá-la"[26].

Foi assim que John Bowker, editor do *Oxford Dictionary of World Religions*, nele iniciou a conceituação de religião, na nota *The Meaning of Religion*.

Para Karl Marx, "religião é o suspiro da criatura oprimida, o coração de um mundo sem coração, tanto quanto é o espírito de uma situação sem espírito. Ela é o ópio do povo."[27]

"Investigação psicanalítica da vida mental inconsciente revela que as crenças religiosas correspondem aproximadamente às fantasias da vida infantil, principalmente às inconscientes, concernentes à vida sexual dos pais e aos conflitos que isso trás", segundo Sigmund Freud.[28]

[26] Nota de John Bowker, Professor Titular de Estudos Religiosos da Faculdade Gresham, em Londres; Professor Adjunto da Universidade da Pensilvânia e da Universidade do Estado da Carolina do Norte; ex-professor de religião da Universidade de Lancaster; consultor da UNESCO e editor do *The Oxford Dictionary of World Religions*, de onde se tirou essa citação, p. XV.

[27] Idem.

[28] Idem.

"*Religio* vem do latim e se refere ao temor a Deus ou aos deuses, e (bem depois) às cerimônias e ritos endereçados aos deuses."[29]

O poeta e filósofo latino-romano *Lucretius* teceu fortes palavras contra religião: *Tantum religio potuit suadere malorum... Religio peperit scelerosa atque ímpia facta.* (*De rerum natura*, I.IOI, I83). (Quantos males a religião causou!... Religião trouxe crime e feitos ímpios...)[30]

E John Bowker continua dizendo que:

> Essas e muitas outras definições de religião nos contam muito sobre religião, mas devido à sua diversidade, nenhuma delas sozinha pode nos dizer o que seja religião. Algumas enfatizam a pessoa, outras o social; umas as crenças, outras os usos; algumas as estruturas, outras as funções; algumas o privado, outras o público; algumas o mundano, outras o transcendental; algumas a verdade, outras a ilusão. Nós podemos, talvez, tentar colocá-las todas juntas, mas isso produziria uma *juggernaut* [nome do deus hindu Visnu/Krsna adorado no templo de Purí, Orissa, na Índia, palavra usada para denotar cego frenesi religioso] até mais incontrolável que o desajeitado gigante de Orissa.

Religião, no *dicionário Houaiss da língua portuguesa*[31], é definida como "1. crença na existência de uma força ou de forças sobrenaturais, 2. conjunto de dogmas e práticas que geralmente envolvem tal crença, 3. observação aos princípios religiosos; devoção, praticar a religião".

A importância de se socorrer ao dicionário é inquestionável, porque este fornece o sentido comum do termo, aquele que é dado a toda sociedade pesquisar. É, portanto, um sólido ponto de partida para uma tentativa de conceituação científica. Esse é também o entendimento de Jónatas Machado (2006, p. 208):

> Tratando-se de um conceito não especificamente jurídico, a solução que normalmente se recomenda é a de averiguar o sentido em que ele normalmente é tomado na sua corrente utilização extraconstitucional.

[29] Idem.

[30] Idem.

[31] Minidicionário Houaiss da Língua Portuguesa, 3ª edição rev. e aum., Rio de Janeiro: Objetiva, 2008.

Não se tem aqui em vista, evidentemente, as utilizações metafóricas da expressão, mas sim a sua utilização pelas ciências sociais, com particular relevo para a sociologia.[32]

Tratando-se da liberdade de *religião*, a esta deve ser atribuído um conteúdo semântico. Deve-se tentar atribuir um conteúdo constitucional ao conceito de religião.

> Baseadas num sentido comum de religião, a doutrina e a jurisprudência constitucionais de vários países têm procurado encontrar uma definição conceptual substancialista e essencialista da religião (Idem, p. 209).

Para Durkheim, a religião é um "sistema solidário de crenças e de práticas relativas às coisas sagradas, isto é, separadas, interditas, crenças e práticas que unem em uma mesma comunidade moral, chamada igreja."[33]

Jónatas Machado (*idem*, p. 210) divide a tarefa de conceituação de religião em três tipos:

(i) Substancial-objectivo: a religião é definida com base nos elementos *divindade, moralidade* e *culto.* Nesse escopo cita o autor a definição de A.J.M. Milne, *Human Rights and Human Diversity*, New York:

> Para esse autor religião significa: a) crença no sobrenatural; b) crença na dependência do natural relativamente ao sobrenatural; c) crença na origem sobrenatural de certas instruções para a vida, em virtude das quais existe uma obrigação de conformação a elas; d) crença na verdade de uma afirmação definitiva, quer escrita, quer oral (...); e) um grupo de pessoas que professe uma crença do gênero de *d*; f) uma associação baseada em *d* e mantida pelo grupo em *e* com objetivo de possibilitar aos seus membros darem expressão prática aos compromissos em *c* e *d*.

[32] Jónatas Eduardo Mendes Machado, *Liberdade Religiosa numa Comunidade Constitucional Inclusiva*, Coimbra: Coimbra Editora, 1996, p. 208.

[33] Émile Durkheim, *Les formes élémentaires de la vie religieuse*, Paris: Le Livre de Poche, 1991, p. 109, *apud* Casamasso, p. 52.

(ii) Funcional-subjectivo: procura conceituar religião de forma mais alargada, de forma a abarcar todas as formas conscientes de crença que ocupem, na vida da pessoa, um lugar funcionalmente equivalente ao reservado, tradicionalmente, às crenças religiosas do tipo deísta. A religião passou, assim, a ser entendida de forma a responder à diversidade crescente de crenças e, empaticamente, à perspectiva individual do crente.
(iii) Tipológico: busca trazer maior segurança e certeza ao conceito de religião, muito alargado pela definição acima. Aqui procurou-se conceituar religião de forma suficientemente expansiva, que de conta dos diversos elementos objetivos e subjetivos, mas alertando para o fato de que um conceito demasiado abrangente corre o risco de perder operacionalidade prática, ficando mais vulnerável perante uma utilização abusiva. O ponto de partida dessa definição deve ser dado pelos elementos geralmente considerados típicos do fenômeno religioso, que constituem as suas *parenças de família* (grifos do autor). Aqui será importante a similitude ou o contraste que o fenômeno em estudo assuma com as várias religiões mais conhecidas. Mas esse critério deve ser apenas indicativo e não decisivo de que ele é um fenômeno religioso.

> Além disso, o conceito tipológico de religião permite excluir do âmbito de protecção do direito as diferentes mundividências ideológicas, filosóficas agnósticas ou ateias, passíveis de protecção constitucional pela via de outros direitos fundamentais. (MACHADO, p. 220)

Para Hegel[34] "a religião e o fundamento (*Grundlage*) do Estado são uma mesma coisa; são idênticas em e para si [...] Considerar a conexão existente entre o Estado e a religião é tema que trata adequadamente a filosofia da história universal".[35] E continua dizendo que, como contra

[34] Georg Wilhelm Friedrich Hegel (1770/1831), filósofo alemão, recebeu a sua formação no *Tübinger Stift* (seminário da Igreja Protestante em Württenberg). Era fascinado pelas obras e Spinoza, Kant e Rousseau, assim como pela Revolução Francesa.

[35] *Vorlesungen ueber die Philosophie der Religion*, I, C.III; *Werke*, Suhrkamp, Frankfurt, t. 16, 1969, p. 236 e 237, *apud* Dussel, Enrique D., *Religion*, 1977, p. 17.

o querer absoluto [do Estado absoluto] o querer do espírito de outros povos particulares não têm direito (*rechtlos*), o povo em questão é o dominador do mundo.

> E como a religião é o fundamento do Estado, o Estado Imperial, com os seus exércitos e por meio da guerra, como Inglaterra por exemplo, são os missioneiros da civilização (*die Missionarien der Zivilisation*) em todo o mundo. Para Hegel, então, a religião justifica, ou melhor, é a justificação do imperialismo (Dussel, p. 18 e 19).

Feuerbach[36] descobriu genialmente que esse Deus, e essa religião, não eram senão a negatividade humana invertida ao infinito: "o homem afirma em Deus [hegeliano] o que nega em si mesmo". Para ele a religião é a primeira consciência que o homem tem de si mesmo, nas relações dos filhos com os pais, do esposo com a esposa, do irmão com o irmão, em uma palavra, as relações morais são, em e por si mesmas, autênticas relações religiosas. (Dussel, p. 19)

Já Marx[37] efetua uma crítica filosófica, política e econômica da religião. A filosófica depende fundamentalmente de Feuerbach e Bauer.

[36] Ludwig Andreas Feuerbach (Landshut, 28 de julho de 1804 — Rechenberg, Nuremberg, 13 de setembro de 1872) foi um filósofo alemão. Feuerbach é reconhecido pela teologia humanista e pela influência que o pensamento exerce sobre Karl Marx. Abandona os estudos de Teologia para tornar-se aluno do filósofo Hegel, durante dois anos, em Berlim. Em 1828, passa a estudar ciências naturais em Erlangen e dois anos depois publica anonimamente o primeiro livro, "Pensamentos sobre Morte e Imortalidade". Nesse trabalho ataca a ideia da imortalidade, sustentando que, após a morte, as qualidades humanas são absorvidas pela natureza. Escreve "Abelardo e Heloísa" (1834), "Piere Bayle" (1838) e "Sobre Filosofia e Cristianismo" (1839). Na primeira parte desta última obra, que influencia Marx, discute a "essência verdadeira ou antropológica da religião". Na segunda parte analisa a "essência falsa ou teológica". De acordo com esta filosofia, a religião é uma forma de alienação que projeta os conceitos do ideal humano em um ser supremo. Ao atacar religiosos ortodoxos entre 1848 e 1849, anos de turbulência política, é considerado um herói por muitos revolucionários.

[37] Karl Heinrich Marx (Tréveris, 5 de maio de 1818 — Londres, 14 de março de 1883) foi um intelectual e revolucionário alemão, fundador da doutrina comunista moderna, que atuou como economista, filósofo, historiador, teórico político e jornalista. O pensamento de Marx influencia várias áreas, tais como Filosofia, História, Sociologia, Ciência Política, Antropologia, Psicologia, Economia, Comunicação, Arquitetura e outras. Em

A crítica política se resume no entendimento de que a religião justifica os interesses políticos, assim, não se pode criticar esses interesses políticos sem efetuar uma crítica à religião.

> A miséria religiosa é, por uma parte, a expressão (*Ausdruck*) da miséria real e, por outra, o protesto (*Protestation*) contra a miséria real [...] A abolição da religião enquanto felicidade ilusória do povo é necessária para sua felicidade real [...] De tal modo a crítica do céu se converte na crítica da terra, a crítica da religião na crítica do direito e a crítica da teologia na crítica da política. (*Zur Kritik der Hegelschen Rechtsphilosophie, in* K. Marx Freuhe Schriften. Ed. H.J. Lieber-P. Furth, 1971, t. 1, p. 488, *apud* Dussel, p. 20)

A crítica econômica é certamente a mais importante. A crítica frontal contra a religião se realiza no tema do "fetichismo da mercadoria." Para ele "o reflexo religioso (*religioese widerschein*) do mundo real só poderá desaparecer para sempre quando as condições da vida diária, laboriosa e ativa, representem para os homens relações claras e racionais entre si e a respeito da natureza." E conclui que a religião é, então, uma ideologia supraestrutural fetichista. (*Der Fetischcharakter der Ware, in Das Kapital*, I, I, 4; Ullstein, Frankfurt, 1969, t.1, p. 58, *apud* Dussel, p. 21).

Max Weber (*op. cit.*, p. 102) defende que exercer o controle sobre a maneira pela qual a salvação pode ser conseguida, neste mundo ou no próximo, material ou espiritualmente, é importante para formar a base da *dominação espiritual* dos seres humanos:

> O conceito de "Igreja" caracteriza-se, mesmo no uso comum, pelos atributos de associação racional compulsória, com organização contínua, e por sua reivindicação de ser uma autoridade monopolizadora. A organização hierocrática territorial predominante e a organização eclesiástica estão de acordo quanto ao *empenho* normal de uma Igreja pela dominação completa. [...] O caráter "associativo compulsório" da Igreja, principalmente pelo fato de alguém ter "nascido" nela, é responsável por sua estrita diferenciação

uma pesquisa da rádio BBC de Londres, realizada em 2005, Karl Marx foi eleito o maior filósofo de todos os tempos.

de uma mera "seita", cuja principal marca distintiva reside, na verdade, em seu caráter "associativo voluntário", pois admite em suas fileiras somente aqueles que têm as qualidades religiosas requeridas.

Como colocado ao início, longe se está de uma conceituação una do que seja religião. Várias são as suas definições, explicações, conotações. Cada indivíduo tem um entendimento próprio, e sente a religião por si mesmo, mas, quando procura explicar o que ela é, as palavras faltam. Ademais, inúmeros são os pontos de vista que podem ser adotados na busca da conceituação, exemplificativamente, a perspectiva do fiel, a do ateu, a do cientista social, ou, ainda, a do Estado, que deve zelar pela liberdade, com cuidados para não infringir a laicidade. Diante dessa infinidade de entendimentos, foram expostas as opiniões de importantes filósofos, juristas e estudiosos, a fim de que esse conceito tão presente internamente em cada um de nós ganhasse também alguma definição externa.

2.2. As liberdades de crença, de culto e de organização religiosa

A liberdade religiosa é um direito fundamental, essencial à dignidade humana, como estudado anteriormente. Mas o que isto implica? Jean Rivero, em sua obra *Les libertés publiques*[38], divide as liberdades das pessoas perante o Estado em (i) liberdades da pessoa física, (ii) liberdades de ação coletiva e (iii) liberdades do pensamento. As primeiras englobam basicamente a liberdade corporal, de nascimento, de morte, e o princípio de remoção ou deslocamento no território. As segundas englobam a liberdade de reunião e de associação. Já as liberdades do pensamento incluem a liberdade de opinião, de *religião*, de imprensa, de comunicação audiovisual, de espetáculos e educação (ensino). Com isso, o autor coloca a liberdade religiosa entre as liberdades do pensamento.

A liberdade de religião, continua, é complexa. Ela inclui a liberdade de consciência, ou seja, a liberdade de escolher entre a incredulidade e a adesão a uma religião, e a liberdade de cultos, que seria a liberdade de praticar individual e coletivamente a religião (*idem*, p. 181). A doutrina

[38] Rivero, Jean. *Les Libertés Publiques. Tome 2. Le régime des principales libertés*, 6 ed., Presses Universitaires de France. 1997.

brasileira, apoiada na Constituição Federal, costumeiramente inclui na liberdade de religião, além da liberdade de consciência (chamada de *crença*) e de culto, a liberdade de organização religiosa. Quanto à liberdade de crença, Casamasso (2006, p. 241) anota, seguindo o entendimento de Jean Rivero acima citado, que:

> No que concerne ao conteúdo específico da liberdade de crença, deve-se referir, principalmente, à liberdade que têm os indivíduos de aceitarem uma fé ou, ao contrário, tornarem-se descrentes, isto é, ateus ou agnósticos; a liberdade de tornarem-se membros ou não de uma confissão religiosa; a liberdade de mudarem ou não de religião ou de confissão religiosa; e a liberdade de externarem ou não as suas crenças, pelos mais variados meios de comunicação disponíveis.

A liberdade de crença tem por principal característica o fato de ser interna à pessoa. Ela é ontologicamente inalienável, pois diz respeito à fé, aos valores e aos princípios que orientam a vida da pessoa, pois enraizados em seu modo de pensar, tal como o descreve Ribeiro (2002, p. 36):

> Seu caráter [da liberdade de crença] é essencialmente íntimo, ainda que, num segundo momento, para garantia dessa liberdade, ele se desdobre em outros direitos, como o da livre possibilidade do conhecimento religioso, sem direções oficiais prévias, para que seja possível à fé individual prosseguir no seu desenvolvimento e, no seu conhecimento profundo, chegar à sua satisfação plena.

Pode-se dizer que o ensino religioso obrigatório imposto durante muitos anos no Brasil cerceava a liberdade de crença, pois impedia a livre escolha da pessoa, que era subordinada às diretrizes governamentais que mandavam ensinar uma religião específica. Vale citar o art. 95, inciso III, da Constituição de 1824, que conferia a cidadania plena apenas àqueles que professassem a religião do Estado. Por certo, sendo imposto o estudo da religião adotada pelo Estado, não se pode falar que a pessoa gozasse de liberdade de pensamento, em especial, de crença, já que ela se via vinculada aos dogmas da Igreja oficial.

Dentro da liberdade de crença há aqueles que a diferenciam da liberdade de consciência. Para estes, a liberdade de crença seria a livre escolha daquilo em que se acredita, enquanto a de consciência seria a possibilidade de se acreditar ou não. José Afonso da Silva (2004, p. 248), amparando-se em Pontes de Miranda[39], entende que fez bem o constituinte em destacar a liberdade de crença da de consciência, pois ambas seriam inconfundíveis, já que a pessoa descrente ainda tem a o direito à liberdade de consciência e pode requerer que lhe seja tutelado juridicamente esse direito.

Assim como a liberdade religiosa é considerada um direito complexo, por envolver a crença, o culto e a assistência religiosa, não há negar-se que a própria liberdade de crença também pode ser considerada um direito complexo, pois abrange a liberdade de escolha da religião, a liberdade de aderir a qualquer seita religiosa, a liberdade de mudar de religião, a liberdade de não aderir a religião alguma, a liberdade de ser ateu, entre outras possibilidades. Como pontifica Pontes de Miranda (*idem*, p. 123): "Liberdade de religião é liberdade de se ter a religião que se entende, em qualidade, ou em quantidade, inclusive não se ter."

No que atina à liberdade de culto, por sua vez, Casamasso (2006, p. 242) esclarece que "é um desdobramento da liberdade de crença, é a sua '*extensão* exteriorizada, vivida'".[40] Essa é a liberdade para a exteriorização da religião que reside interiormente. Afinal, a religião não é apenas um corpo doutrinário que se fecha no intelecto da pessoa, ao contrário, ela se exterioriza na prática dos ritos, no culto, nas cerimônias, manifestações, reuniões, fidelidades aos hábitos, nas tradições, entre outras formas. Vale dizer que a Constituição do Império (1824) não reconhecia a liberdade de culto para toda e qualquer religião, mas tão somente para a Católica, a religião oficial do Império, come será visto mais adiante.

[39] "A liberdade de consciência e de crença são inconfundíveis. O descrente também tem liberdade de consciência e pode pedir que se tutele juridicamente tal direito. Bem assim a liberdade de pensamento, que nem sempre é tangencial com a de consciência. A liberdade de crença compreende a liberdade de ter uma crença e a de não ter crença." (MIRANDA, 1971, p. 119).

[40] Aqui o autor cita Pontes de Miranda, *Comentários à Constituição de 1967*: com a Emenda nº 1 de 1969, v.2, p. 116. Grifo do autor.

Segundo Pontes de Miranda (1971, p. 129), compreendem-se na liberdade de culto a de orar e a de praticar os atos próprios das manifestações exteriores *em casa* ou *em público*, bem como a de recebimento de contribuições para isso. Mas o que seria culto? Assim o conceitua o autor (*idem*, p. 136):

> É a forma exterior da religião: religião + relação com os outros homens + ação. Muitos pensam que religião e culto são uma e mesma coisa. Chegam até a postular que é impossível religião sem culto. E erro é evidente, no terreno lógico e no terreno da empiria. (...) As cerimônias, que são a parte mais visível do culto, podem existir sem religião. Temos, pois, que não somente há religião sem culto, como também culto sem religião.

Por ser bastante difícil se imaginar religião sem culto, o autor trouxe, a título de exemplo, um caso da Austrália onde, em 1851, haveria religião com "zero de culto". Da mesma forma, exemplificou a hipótese de culto sem religião com caso de tribos australianas, em que a celebração das cerimônias era separada de qualquer invocação de assistência por parte de ser sobrenatural. Trazendo a possibilidade de culto sem religião para um ambiente mais próximo, Pontes de Miranda assim o conceituou (p. 136):

> Às vezes, o culto é apenas sobrevivência política, prática que se conserva porque os antepassados ordenaram que se fizesse, como nós mesmos mandamos que se nos cortem os cabelos como os outros usam. Só a nossa estabilidade permite que notemos, nos retratos de três gerações, as diferenças. O papel mágico-propiciatório das danças longe está de ser necessariamente religioso. (...) À base psíquica e nêurica dos cultos está a necessidade de expansão, sem que neles se possa ver somente a magia, ou somente a adoração, ou somente a cerimônia tradicional. Algumas vezes, função espontânea de *válvula de instintos.*

Entretanto, a regra é que cada confissão religiosa venha acompanhada das suas formas de culto próprias, isto é, que cada crença tenha a sua forma de exteriorização respectiva. Importante característica da liberdade de culto é que ela não é absoluta – até porque a Constituição não traz direitos absolutos –, mas limitada por imperativos de ordem pública e por outros direitos igualmente fundamentais. A liberdade de culto é protegida constitucionalmente, o que é estendido a todas as confissões religiosas, e a todos os indivíduos que a professam, gerando, em consequência, a necessidade de que cada culto não ultrapasse a esfera de liberdade de outro culto, igualmente protegido, ou mesmo a ordem pública e outros direitos fundamentais da pessoa, como a vida, a honra e a imagem. Assim, o exercício do culto que constitua crime ou contravenção penal, ou que seja de tal forma expansivo que impeça o exercício de outras liberdades ou de outros cultos, ele será inconstitucional .

A liberdade de organização religiosa seria o terceiro componente fundamental da liberdade religiosa, ao lado da liberdade de crença e da liberdade de culto, vistas acima. Ela é a liberdade de as Igrejas se estabelecerem e se organizarem, bem como se relacionarem com o Estado. Em suma, esse é o direito de se constituir igrejas, associações religiosas que podem possuir personalidade jurídica, nos termos do Código Civil. Pode-se dizer que a criação de organizações religiosas é até mesmo incentivada pelo Estado brasileiro, por meio das imunidades tributárias. O reconhecimento da personalidade jurídica das organizações religiosas nasceu no Brasil com o Decreto 119-A, de 1890, que pode ser considerado o ponto inicial da igualdade entre as crenças religiosas no Brasil. Esse é um marco de imensurável relevância devido ao histórico brasileiro de Estado confessional, cuja religião oficial era a Católica, herança da colonização portuguesa.

Segundo José Afonso da Silva (2004, p. 249), existem três possíveis sistemas de relação entre a Igreja e o Estado, que são três modos diferentes de se relacionarem. O primeiro é a *confusão*, sistema em que o Estado se confunde com determinada religião. Esse é o Estado teocrático, como o Vaticano e os Estados islâmicos. Neste, o poder religioso é misturado ao poder estatal, sendo exercidos conjuntamente. O segundo é a *união*, em que existem relações jurídicas entre o Estado e determinada Igreja quanto à sua organização e ao seu funcionamento, como, por exemplo, a participação do Estado na nomeação de ministros religiosos e em sua remuneração. Nele, o poder religioso e o poder estatal têm alguns pontos que se tocam, mas não chegam a se misturar na essência como na confusão. Esse sistema verificou-se no Brasil Império, como se verá adiante. O terceiro é o sistema da *separação*, em que o Estado e a Igreja são esferas absolutamente independentes uma em relação à outra. Nele o Estado é chamado laico, e as atividades públicas, seculares. Esse sistema foi implantado no Brasil república, antes mesmo da constitucionalização do novo regime, por meio do Decreto 119-A, de 07.01.1890, da lavra de Ruy Barbosa, expedido pelo Governo Provisório:

> A Constituição de 1891 consolidou essa separação e os princípios básicos da liberdade religiosa (arts. 11, § 2º; 72, §§ 3º a 7º; 28 e 29). Assim, o Estado brasileiro se tornou *laico*, admitindo e respeitando todas as vocações religiosas. [...] Os princípio básicos continuaram nas constituições posteriores até a vigente. Quanto ao tema deste tópico – *liberdade de organização religiosa* – houve pequenos ajustes quanto às relações Estado-Igreja, passando de uma separação mais rígida para um sistema que admite certos contatos [...] (Silva, J. A. da, *ob. cit.*, p. 250)

No Brasil vigora o sistema da separação, ou melhor, o *princípio da laicidade*, configurado pela Constituição Federal. Não se pode deixar de notar, entretanto, que existem pontos de contato entre o Estado e a religião, de modo que a separação não é absoluta, como não deixa dúvidas o próprio art. 19, inciso I, da CF/88, que ressalva a colaboração de interesse público, a ser exercida na forma da lei. A lei deverá dar os contornos dessa colaboração de interesse público, que deve ser geral, para não criar distinções ou preferências entre religiões. Outro exemplo de exceção à regra da separação pode ser encontrado no art. 213 da CF/88, que faculta que recursos públicos sejam, excepcionalmente, dirigidos a *escolas confessionais*, como definido em lei, desde que cumpram alguns requisitos.

Ainda sobre os sistemas de relações entre a Igreja e o Estado, Maluf (1995, p. 353) elenca quatro soluções. A primeira é o *controle do poder civil pela Igreja*. Essa deu lugar à *teocracia*. Ela existiu na idade média quando da preeminência da Igreja sobre o poder civil. A segunda solução é a *absorção ou eliminação da Igreja pelo Estado*. Esta abrange os Estados de religião oficial, como se verifica em alguns países de civilização protestante. Vale citar aqui a Igreja Anglicana, que em 1534 se separou oficialmente da Igreja Católica Romana, por iniciativa do Rei

Henrique VIII, valendo-se da questão com o Papa Clemente VII, relacionada com a recusa de anulação do seu casamento com Catarina de Aragão. Como resultado, pode-se dizer que a Igreja foi absorvida pelo poder civil. A terceira solução é a *indiferença do Estado em relação à Igreja*. Essa se faz presente no Estado agnóstico, produto do liberalismo político. O Estado indiferente pode ser tanto tolerante como hostil à Igreja. A quarta consiste em *equilíbrio e harmonia entre os dois poderes*. Por este sistema a Igreja e o Estado constituem dois poderes separados e harmônicos entre si. Segundo o autor, esse modelo "tende a resolver a posição atual das duas sociedades perfeitas, de modo a dirimir as controvérsias seculares" (*idem*, p. 354). Assim, para que a separação seja harmônica, as confissões religiosas devem ser vistas como titulares de direitos, liberdades e garantias, as quais o Estado deve respeitar. Essa é a liberdade de organização religiosa.

Essa liberdade, direito fundamental conferido pela Constituição Federal às associações religiosas, é muito bem fundamentada por Jónatas Machado (1996, p. 241):

> As confissões religiosas podem invocar, em condições de igualdade, o direito à liberdade religiosa, à semelhança do que sucede com os indivíduos. O direito a uma igual liberdade religiosa, individual e colectiva, em conjunto com o princípio da separação das confissões religiosas do Estado, tem como consequência o reconhecimento de um direito à autodeterminação às confissões religiosas. (...) Assim se compreende que, diferentemente do que sucedia no contexto da *libertas ecclesiae*, o direito à liberdade religiosa colectiva deva ser exercido dentro dos limites impostos pela liberdade religiosa individual e pelos princípios da igualdade e da separação das confissões religiosas do Estado.

Em suma, no sistema de separação harmônica, as confissões religiosas são, tanto quanto os indivíduos, titulares de direitos, oponíveis inclusive em face do Estado. Segundo o autor, entre as liberdades conferidas às confissões religiosas está a liberdade de auto-organização e o de autodeterminação. A liberdade de auto-organização é resultado da convergência do direito à liberdade religiosa com o direito à liberdade de associação, e representa a possibilidade de as organizações religiosas realizarem a sua finalidade sem interferência por parte dos poderes públicos. Para o autor, tal liberdade independe de a comunidade religiosa ter obtido personalidade jurídica. "Significa isto que a confissão ou comunidade religiosa de facto, isto é, não reconhecida, não pode deparar com restrições ao exercício à liberdade de religião e de culto" (Machado, 1996, p. 242).

Tal proteção independe, ainda, da antiguidade da organização religiosa, ou da maior ou menor quantidade de devotos. Tendo por base as conhecidas palavras de Jesus "Onde dois ou três estiverem reunidos em meu nome, aí estarei eu no meio deles", Machado (*idem*, p. 244) diz que "onde dois ou três estiverem reunidos em nome da religião, aí estará a proteção da liberdade religiosa colectiva".

Além da auto-organização, as comunidades religiosas têm o direito de autodeterminação. Aqui se incluem os direitos de autocompreensão, autodefinição, auto-organização, autoadministração, autojurisdição e autodissolução, impondo um dever de neutralidade em relação ao Estado. Tal qual a liberdade de culto, a liberdade de associação religiosa não é absoluta e deve respeitar os demais princípios constitucionais, como a igualdade e a liberdade de todos os cidadãos:

> De acordo com o direito de autodeterminação, todas as confissões religiosas, que não apenas as mais juridificadas ou institucionalizadas, devem ser consideradas verdadeiras *societae perfectae* em matérias tão amplas e diversificadas como sejam, nomeadamente, a definição e interpretação dos princípios doutrinários do seu grau de vinculação, o exercício das funções de culto, a fixação dos pressupostos de admissibilidade de membros, a estrutura orgânica e funcional interna, a adopção de um modelo constitucional do tipo hierárquico, congregacional, etc., a escolha dos processos de formação, formulação e exteriorização da vontade, a selecção dos meios de financiamento, a edificação e abertura de edifícios destinados ao culto ou a outras finalidades religiosas, a selecção de ministros de culto, o ensino religioso, a aplicação de sanções disciplinares, a livre comunicação com os membros da confissão a realização de actividades educativas e de beneficência, etc. Estas matérias integram uma verdadeira e própria *reserva absoluta de confissão religiosa* que funciona como norma definidora de competências negativas do Estado. (MACHADO, *idem*, p. 247).

Norberto Bobbio[41] traz outra proposta de classificação do modo como o Estado e a religião se relacionam. Para ele, a primeira classe é denominada *reductio ad unum*. Aqui está a redução do Estado à Igreja (teocracia) ou a redução da Igreja ao Estado (cesaro-papismo na época imperial, erastismo nos modernos Estados nacionais protestantes). A segunda é denominada *subordinação*. Nessa classe também estão tanto a subordinação do Estado à Igreja (poder público na Idade Média em relação à Igreja Católica), quanto a da Igreja ao Estado (período das monarquias absolutas). O terceiro sistema é o de *coordenação*, pelo qual há o reconhecimento recíproco dos dois poderes como 'cada um, na própria ordem, independentes e soberanos'. Por fim, há o regime da *separação*, em voga nos Estados Unidos da América, por exemplo, em que as Igrejas são consideradas no mesmo nível das associações civis privadas, com a liberdade inerente a estas, para que desenvolvam a sua função nos limites da lei.

E não se pode deixar de mencionar o que Rui Barbosa[42] entendia sobre os sistemas de relação entre Estado e Igreja:

> Todos os sistemas conhecidos e possíveis de relações entre o Estado e o altar cifram-se em três: a liberdade completa de cultos, que ignora todas as igrejas, igualando a todas perante a lei; o regalismo, isto é, a proteção do Estado a uma ou mais igrejas subsidiadas, sob a compensação e o freio de certa autoridade restritiva exercida sobre essas igrejas pelo Estado; a teocracia, isto é, a subordinação do Estado a uma igreja ilimitadamente privilegiada.

Essas são, enfim, importantes propostas de classificação das modalidades de relação entre o poder estatal e o religioso, já que a liberdade de associação religiosa foca na prerrogativa desta em se fazer respeitar perante o poder público. Conforme visto, a liberdade de religião é complexa, porque se desmembra em outras três liberdades: a de crença, a de culto e a de organização religiosa, que, por sua vez, se desmembram

[41] Bobbio, Norberto. *Teoria do Ordenamento Jurídico*. 10 ed. Brasília: UnB, 1999, p. 181 e 181, *apud* Soriano, ob. cit., p. 77.

[42] Câmara dos Deputados – DF – RJ – Obras Completas de Rui Barbosa, vol. 7, t. 1, 1880, p. 162, *apud* Soriano, *idem, ibidem*.

em outras tantas liberdades. Dessa forma, tomando-se a liberdade religiosa em ampla acepção, tem-se que ela não é um direito, mas na verdade um enorme plexo de direitos. Na abordagem analítica da liberdade religiosa, o que se propôs é exatamente destrinchar o feixe de direitos que a compõem.

Capítulo 3
Histórico Nacional

Saindo do âmbito internacional e atendo-se ao Brasil, a análise do curso da liberdade religiosa e da laicidade, conforme se verá a seguir, mostram que a relação Estado-Igreja sempre foi bastante inquieta no País. Há que se ponderar que este é um país de civilização recente, quando comparado com o chamado Velho Mundo. Enquanto a França experimentava a nova ideologia que culminou na Revolução Francesa, e os Estados Unidos a sua independência da Inglaterra colonizadora, o que mudou as bases de todo o pensamento da época, o Brasil ainda era um país colonial, e segundo alguns autores, sequer um país ainda.

Inevitável, portanto, que esses acontecimentos externos, revoluções, novas ideias e diferentes demandas sociais influenciassem profundamente a história brasileira, sobretudo a forma de o poder civil (mais tarde Estado brasileiro) se relacionar com o poder religioso. Não bastassem as mudanças derivadas da inquietude da própria conjuntura interna, o Brasil, desde o período imperial, foi bastante influenciado pelos acontecimentos externos, o que tornou o curso da liberdade de religião bastante peculiar no País, como se verá seguir.

3.1. Brasil pré-colonial

O Brasil no período pré-colonial foi habitado por *diversos* povos indígenas que possuíam as crenças que hoje se denominam *religiões nativas.*

Estudos arqueológicos mostram que havia na região que hoje corresponde ao Brasil mais de mil povos indígenas, correspondendo a um total de dois a seis milhões de indígenas. Para fins de comparação, cabe mencionar que esse número está por volta dos trezentos mil nos dias atuais.

Religiões nativas são aquelas geralmente seguidas em pequena escala e confinadas a famílias, tribos ou locais específicos. No passado elas eram encontradas em todos os lugares, mas agora elas foram praticamente dizimadas pelas missões religiosas, em especial as do Cristianismo.

As religiões nativas, apesar de não possuírem um tipo uniforme, possuem algumas semelhanças entre si. Talvez a mais importante delas seja o ensinamento de que existem muitos e grandes seres espirituais altamente ativos. Acredita-se em espíritos, deuses, deusas e outros poderes, influenciando toda a vida, a natureza e os homens.[43] Assim, ao contrário do Cristianismo e do Islamismo, que pregam a existência de um único Deus, as religiões dos povos nativos acreditam numa grande pluralidade de forças divinas.

Além da crença em uma multiplicidade de deuses, as religiões nativas dão muita importância aos rituais, são religiões de prática e atividade, sendo de crucial importância a convivência harmônica com a natureza, que deve ser mais que respeitada, deve ser adorada. Muito pouco se preservou do Brasil de então.

Com a 'descoberta' do Brasil por Portugal em 1500 e o início do processo de colonização, em que a população indígena foi sendo aos poucos dizimada, assim como seus hábitos, sua cultura e religião, as religiões nativas cederam espaço ao cristianismo.

3.2. Brasil colonial

No período compreendido entre a chegada dos portugueses nas novas terras até a independência do Brasil, durante o qual este foi apenas uma colônia de Portugal, e se destinava a servir a este e a sua Coroa com toda a sua riqueza até então inexplorada, vigorou a hegemonia da Igreja Católica, por imposição da coroa portuguesa. Segundo descrição de Soriano (2002, p. 67), "o português tolerava todas as raças, mas não

[43] BOWKER, J. *The Oxford Dictionary of World Religions*, p. 199.

admitia outra religião senão a Católica Romana. Os benefícios da coroa portuguesa só eram concedidos aos católicos. Esses eram os únicos que podiam receber terras, através das famosas Cartas de Sesmarias."

No Brasil colônia eram notórios os estreitos laços existentes entre o Estado (coroa portuguesa) e a religião (Católica), sendo que havia verdadeira discriminação das outras religiões. Já no 'descobrimento' do Brasil por Portugal, os laços com a Igreja Católica eram evidentes, chamando a atenção a quantidade de religiosos que compunham a tripulação de Cabral. O historiador Eduardo Bueno assim o descreve em sua obra *A Viagem do Descobrimento* (1998, p. 11):

> Pedro Álvares (diante da notícia do encontro da terra a 22 de abril de 1500) [...] ajoelhou-se em frente à imagem da Nossa Senhora da Esperança, que ele próprio escolhera como padroeira da viagem e mandara entronizar num altar erguido no convés da Capitânia.[44]

Um dos primeiros documentos sobre liberdade religiosa no Brasil é o Tratado do Comércio e Navegação, de 19 de fevereiro de 1810, celebrado entre Portugal e Inglaterra logo após a chegada da Coroa portuguesa na colônia em 1808. O artigo XIII desse Tratado dispunha que os vassalos da Majestade Britânica residentes em territórios de domínio português não poderiam ser perturbados ou molestados por causa de sua religião, e teriam plena liberdade de consciência e licença para celebrarem o seu culto. Porém, essa liberdade havia limites bem precisos, como, por exemplo, a proibição de que tais Igrejas ostentassem a religião britânica, pois deveriam se assemelhar às casas de habitação, sendo vedada inclusive a utilização dos sinos.[45]

Príncipe regente e, depois de 1816, rei do Brasil e de Portugal, D. João era bastante devoto à Igreja Católica.

> Durante as frequentes tempestades tropicais do Rio de Janeiro, refugiava-se [D. João] em seus aposentos na companhia do roupeiro predileto,

[44] BUENO, Eduardo. *A Viagem do Descobrimento*. São Paulo: Objetiva, 1998. *Apud* Ribeiro, 2002, p. 54.

[45] REILY, Duncan. *A História Documental do protestantismo no Brasil*. São Paulo: Aste, 1993. *Apud* Ribeiro, 2002, p. 56 e 57.

Matias Antônio Lobato. Ali, com uma vela acesa, ambos faziam orações a santa Bárbara e são Jerônimo até que cessassem os trovões (Gomes, 2008, p. 167).

E ainda, ao descrever D. João:

> No Palácio de Mafra, onde passou a viver desde então, o príncipe regente vivia cercado pelos padres, que também o haviam educado desde criança. Adorava música sacra e detestava atividades físicas. (...) Profundamente religioso, ia à missa todos os dias e era muito influenciado pela Igreja. O general Junot, comandante das tropas francesas que invadiram Portugal, o definiu da seguinte forma em carta ao seu ministro das Relações Exteriores, Charles Maurice de Talleyrand: "É um homem fraco, que suspeita de tudo e de todos, cioso de sua autoridade mas incapaz de fazer-se respeitar. É dominado pelos padres e só consegue agir sob a coação do medo" (*idem*, p. 171).

Ao tratar da administração do Brasil colonial, Caio Prado Junior (2008, p. 326) demonstra a importância da religião e do clero.

> Os quadros militares e civis que vimos analisando até aqui não esgotam esse assunto da administração colonial. Por mais indevida que a primeira vista pareça sua inclusão neste lugar, a Religião e o clero a ele pertencem por todos os títulos. A posição da Igreja e do seu culto é então muito diferente da de hoje. E para compreendê-la na sua intimidade, não nos basta assinalá-la traçando paralelos. Precisamos transportar-nos com um esforço de imaginação para ambiente inteiramente diverso, procurar participar daquela atmosfera clerical e de religiosidade em que mergulha a vida colonial.

O autor não mede esforços em descrever o quão enraizados eram a igreja e os seus sacramentos, os seus ritos, na vida das pessoas. A igreja estipulava um conjunto de crenças e práticas as quais o cidadão era obrigado a cumprir desde o nascimento até o fim da vida: batismo, confissão, casamento, demais sacramentos, frequência em festas religiosas, e sem sequer ponderar que tais atos pudessem ser dispensados. As necessidades espirituais estavam no mesmo plano da vida civil (*idem, ibidem*).

> Haverá incréus e céticos – e a época no momento que nos ocupa era propícia à sua multiplicação – mas a incredulidade deles ficará restrita a *seus* pequenos, fechados e insulados círculos de maçons e livre-pensadores que escondem cuidadosamente sua descrença; mais que criminosos, eles apareceriam aos olhos do mundo que os cerca como loucos temíveis. A Religião não era admitida, ela "era" simplesmente. (*idem*, p. 327).

Percebe-se, assim, que não havia vida à margem da religião católica.

> Ainda há muitos setores em que a atividade administrativa da Igreja teve não só a participação notável, mas ainda, em muitos casos importantes, exclusiva. Assim em tudo que hoje chamaríamos de assistência social ao pauperismo e indigência; à velhice e infância desamparadas; aos enfermos etc. O mesmo podemos dizer do ensino. Também da catequese e civilização dos índios, em que, apesar de excluída do terreno temporal pela legislação pombalina, continuava a ação da Igreja, através de suas missões regulares, e mesmo em alguns casos seculares. E ainda, finalmente, não podemos esquecer o papel que representa no setor das diversões públicas, sabido como é que a maior parte das festividades e divertimentos populares se realizava sob seus auspícios ou direção. (*idem*, p. 329)

Importante diferenciar o papel da igreja em tais setores da vida em relação aos dias de hoje. À época colonial, ela era o poder público em ação, enquanto nos dias de hoje ela age como qualquer entidade privada. E para deixar bem caracterizada a homogeneidade da mistura Estado-Igreja na época, não se pode deixar de mencionar o dízimo, principal tributo do Brasil colonial. Ele recaía sobre a décima parte da produção bruta. "O que dele sofreu a população não é fácil descrever" (*idem*, p. 320). Esse abusivo tributo é um antigo direito eclesiástico que fora cedido pela Igreja à Ordem de Cristo, nas conquistas portuguesas. O rei se tornou mais tarde Grão-Mestre da Ordem e, portanto, o detentor do direito a essa cobrança (*idem*, p. 319).

Quanto à mencionada Ordem de Cristo, Sérgio Buarque de Holanda (1995, p. 118) muito bem a descreve, demonstrando novamente a mistura Estado-Igreja:

> Em consequência do grão-mestrado da Ordem de Cristo, sobretudo depois de confirmada em 1551 por sua santidade o papa Julio III, na bula *Praeclara carissimi*, sua transferência aos monarcas portugueses com o patronato nas terras descobertas, exerceram estes, entre nós, um poder praticamente discricionário sobre os assuntos eclesiásticos. Propunham candidatos ao bispado e nomeavam-nos com cláusula de ratificação pontifícia, cobravam dízimos para dotação do culto e estabeleciam toda sorte de fundações religiosas, por conta própria e segundo suas conveniências momentâneas.

Vê-se, com isso, que não havia espaço para liberdade religiosa ou mesmo para separação entre poder político e religioso no contexto do Brasil Colônia, tamanha a influência da Igreja na coroa portuguesa, a serviço de quem o Brasil se encontrava.

3.3. Brasil Império

As ideias liberais do século XVIII e início do século XIX produziram efeitos no Brasil ainda sob a regência de D. João. Com a volta da família real a Portugal em 1821 e a regência de D. Pedro I, este, influenciado pelas Revoluções Americana (1776) e Francesa (1789), convocou uma Assembleia Constituinte, que elaborou a Constituição do Império, de 1824, outorgada pelo rei.

A *Constituição Política do Império do Brasil* (1824) é marcada pela forte influência do liberalismo, e o seu rol de direitos individuais era o que havia de mais moderno à época (art. 179). Esses não eram denominados *direitos fundamentais*, mas "direitos civis e políticos dos cidadãos brasileiros". A Constituição, a mais longeva do Brasil, era semirrígida, com dispositivos rígidos e outros flexíveis. Foi o primeiro passo rumo à democracia, sem se descurar do fato de que no Brasil ainda reinava a monarquia absolutista, central e totalitária.

A liberdade religiosa é tema que vem recebendo tratamento constitucional desde 1824, seja para restringi-la, como na Constituição em estudo, seja para garanti-la, como na atual. A Constituição Imperial estabelecia forte ligação entre o Estado e a religião: a religião Católica Apostólica Romana era a religião oficial do Império.

Vale transcrever o art. 5 da Constituição Imperial:

> A Religião Catholica Apostolica Romana continuará a ser a Religião do Império. Todas as outras Religiões serão permittidas com seu culto doméstico, ou particular em casas para isso destinadas, sem fórma alguma exterior de Templo. (Campanhole, 2000, p. 791)

Interessante notar que a religião católica *continuaria* a ser a religião oficial. Vale destacar que as demais religiões seriam toleradas, mas desde que seu culto não fosse ostensivo, ou seja, "sem forma alguma exterior de templo". O seu artigo 179, § 5º, estabelecia que "Ninguém pode ser perseguido por motivo de religião, uma vez que respeite a do Estado, e não ofenda a moral pública." Assim, a liberdade religiosa deveria ser preservada, mas apenas na medida em que fosse respeitada a religião oficial.

Havia assim certo tom liberal no tratamento da liberdade de crença, já que a intimidade estaria livre para a escolha religiosa, o que não se via no espaço público, dado que a manifestação exterior era proibida e o próprio Estado estava ligado a uma religião oficial, a Católica.

Importante dado histórico consiste no fato de que muitos dos constituintes da época haviam estudado em Coimbra e foram influenciados pelo liberalismo das reformas pombalinas (Ribeiro, 2002, p. 59). Uma das preocupações das reformas pombalinas foi justamente retirar dos juristas a mentalidade exclusivista e castradora dos jesuítas.

> A reforma efetuada pelo Marquês de Pombal em Portugal culminou com o decreto da expulsão dos jesuítas de Portugal e suas colônias (12.01.1759) e, posteriormente (03.09.1759), ao considerá-los *desnaturalizados*, proscritos e exterminados, obrigou-os a abandonarem o país, fazendo cair por terra toda a força e o prestígio que os jesuítas tinham até então, sobretudo na história brasileira. Essa contraposição pombalina, em certa medida, criou expectativas liberais e legalistas em muitos estudantes formados em Coimbra, e tal posicionamento poderia muito bem ter-se estendido, no que tange à mínima liberdade – formal e não concreta, aplicada na realidade, vale ressaltar –, à Carta Magna de 1824. O próprio ensino de direito em Coimbra, dominado pelos jesuítas na época de Pombal, passou a ser dominado pela tradição dos legalistas, em geral menos afeitos ao centralismo religioso absoluto católico. (Ribeiro, 2002, p. 62)

Enquanto na teoria o discurso liberal preponderava, pode-se dizer que na prática a liberdade não se fez presente na Constituição Imperial. A Assembleia Constituinte de 1823 refletia a grande divergência de entendimentos quanto à liberdade de religião. Os debates foram *muitos* e o trecho a seguir é um exemplo:

> Na Assembleia Constituinte de 1823, enquanto o padre RODRIGUES DA COSTA ainda queria o Estado unirreligioso, por ser difícil "altar contra altar", ANTÔNIO CARLOS DE ANDRADA trazia as ideias do "contrato social", para concluir ser necessário assegurar e garantir a liberdade de religião, para se "evitar o absurdo de se obrigar o cidadão a praticar o contrário do que lhe dita a sua consciência, em negócio sobre que não tem poder a sociedade e de que ninguém deve pedir contas". O Marquês de Queluz achava o caso dos Estados Unidos da América exemplo nunca visto "na história antiga e moderna, efeito de ser aquela povoação composta de homens de diversas religiões e seitas". O Visconde de Cachoeira trouxe à balha o caso da "cristianíssima França onde todos os cidadãos gozam de iguais direitos" e profligou as "querelas religiosas", inclusive a teimosia grande com que "os ingleses privam os católicos irlandeses dos empregos públicos" (Miranda, 1971, p. 121).

Como mencionado, a Constituição Imperial adotou a religião católica como oficial, assim, o Estado era religioso. A Constituição concedia liberdade às religiões *cristãs,* sendo que as outras teriam mera tolerância. Mas mesmo essa liberdade aos cristãos não se via na prática, já que o Estado era profunda e oficialmente católico. Na verdade, não se pode falar que houvesse liberdade religiosa, quando a liberdade de culto, seu componente, era inexistente.

> Foi sob a égide da Carta de 1824 que, no ano de 1859, três dos mais respeitáveis juristas da época, Caetano Alberto Soares, José Tomas Nabuco de Araújo e Urbano Sabino Pessoa de Melo, atendendo à consulta suscitada pelo Rev. Robert Reid Kalley, diante do temor de ter a sua liberdade religiosa atingida, pronunciaram-se favoravelmente à liberdade de culto. A posição, defendida pelas ilustres figuras do Império, fixa um dos primeiros momentos na trilha constitucional evolutiva da liberdade religiosa no Brasil. (Ribeiro, 2002, p. 69)

Sob a égide da Constituição Imperial, o Código Criminal do Império, de 1830, dispunha, em seu art. 278, sobre o "desrespeito à religião oficial" que fosse propalada por meio de livros e doutrinas. No art. 191 era tipificado o crime de perseguição "por motivo de religião ao que respeitar a do Estado e não ofender a moral pública". A pena era a prisão de um a três meses, "além das mais em que possa incorrer".[46]

A igreja católica tinha, em suma, grande poder de intromissão nas questões políticas do Império, de modo que em algumas ocasiões se tornava difícil distinguir o que era poder estatal e o que era religioso. Para ilustrar essa circunstância, cita-se o fato de que os padres no Brasil, além das funções eclesiásticas, ainda exerciam funções civis, tais como registro de atos públicos, certidões desses atos, ingerência das mesas eleitorais, assistência e colaboração do contrato de matrimonio e percepção de certos emolumentos. (*in Diogo Antônio Feijó*, Jorge Caldeira, São Paulo: 34, 1999. Coleção Formadores do Brasil, *apud* Ribeiro, 2002, p. 81)

Uma perspectiva diversa da exposta até então é a apresentada por Sérgio Buarque de Holanda (1995, p. 150). Consiste essa no fato de que, no Brasil, as pessoas não eram sinceramente religiosas, não praticavam o culto acreditando na importância da espiritualidade que representa, mas por motivos outros e externos, tais como aparência social. Era uma "religiosidade de superfície, menos atenta ao sentido íntimo das cerimônias do que ao colorido e à pompa exterior, quase carnal em seu

[46] Código Criminal do Império: "Ofensa à moral, à religião e aos bons costumes. Art. 276 – Celebrar em casa ou edifício que tenha alguma forma exterior de templo, ou publicamente em qualquer lugar, o culto de outra religião que não seja a do Estado: Penas. No grau máximo – serem dispersos pelo juiz de paz os que estiverem reunidos para o culto, demolição da forma exterior, e multa de 12$, que pagará cada um. Art. 277 – Abusar ou zombar de qualquer culto estabelecido no Império, por meio de papéis impressos, litografados ou gravados, que se distribuírem por mais de quinze pessoas, ou por meio de discursos proferidos em públicas reuniões ou em ocasião e lugar em que o culto se prestar. Art. 278 – Propagar por meio de papéis impressos [...] que se distribuírem por mais de quinze pessoas, ou por discursos em públicas reuniões doutrinas que diretamente destruam as verdades fundamentais da existência de Deus e da imortalidade da alma (Duncan A. Reily, *in* A História documental do protestantismo no Brasil. São Paulo: Aste, 1993, *apud* Ribeiro, 2002, p. 75).

apego ao concreto e em sua rancorosa incompreensão de toda verdadeira espiritualidade". (*idem, ibidem*)

A católica era a religião oficial da nação, e não era possível diferenciar os atos civis dos atos da igreja. O Estado era religioso, e a religião era encarregada de atos hoje entendidos como civis, de incumbência do Estado. Assim, uma esfera intervinha na outra, reciprocamente, ou ainda, não se tinha a noção de que eram esferas distintas.

Pode-se dizer que esse cenário perdurou até 15 de novembro de 1889, quando um golpe de Estado pôs fim à monarquia, destituiu o Imperador D. Pedro II, e foi proclamada a *República Federativa.*

3.4. Brasil República – evolução constitucional

O primeiro ato jurídico do movimento armado de 15 de novembro foi a edição do Decreto nº 1, de 15/11/1889, redigido por Rui Barbosa, por meio do qual ficava provisoriamente decretada a república federativa como forma de governo da nação brasileira.

> A Assembleia Constituinte de 1823 refletia a luta entre concepções absolutista e relativista, de religião de Estado e de religião livre, até que a República fez, no plano político, a proclamação mais completa possível da liberdade de pensamento. A isso serviu, mais do que tudo, a influência intelectual de um *homo religiosus,* Augusto Comte. (Miranda, 1971, p. 121)

Sobreveio, então, a *Constituição da República dos Estados Unidos do Brazil* (1891), que implantou definitivamente a república federativa no País. A 'Declaração de Direitos' ganhou maior destaque e força (art. 72), e garantias constitucionais foram introduzidas, tais como o *habeas corpus* (este, todavia, já constava do Código Criminal de 1830). Ainda não recebiam a denominação de 'direitos fundamentais', contudo.

A ideologia que embasou a elaboração da Constituição de 1891, e passou às subsequentes, foram traduzidas por João Barbalho (*apud* Miranda, 1971, p. 131), e consistem nos entendimentos a seguir sumarizados: a fé religiosa escapa inteiramente à ingerência do Estado, sendo que em nome de princípio algum pode a autoridade pública impor ou proibir crenças e práticas relativas a esse objeto. É missão do Estado protegê-la, bem como às outras liberdades. Nenhuma lei poderá jamais invadir o domínio do pensamento. O Estado não deve se fazer pontífice, sacerdote ou cristão, e nada tem que ver com o fiel, com o crente, mas tão somente com o cidadão. O Estado deve garantir a livre prática de culto dos cidadãos e impedir quaisquer embaraços que o dificultem ou impeçam, de forma igual para toda e qualquer religião. Foi em consideração a isso que a República, logo nos primeiros passos (Decreto nº 119-A, de 07 de janeiro de 1890[47]), determinou a supressão das relações oficiais entre o Estado e a religião, até então por ele subsidiada e protegida. Proibiu-se o culto de caráter oficial e sob as expensas do tesouro público. Instituiu-se a liberdade de se reger de acordo com a sua fé, sem que qualquer autoridade pública pudesse ingerir. Reconheceu-se a personalidade jurídica de todas as igrejas e confissões religiosas, para adquirirem bens e administrá-los.

Esse foi um grande marco divisor de águas na forma como o direito tratava a religião.

A Constituição de 1891, divergindo da anterior que alçava a religião católica à posição de religião oficial do Estado, assim o dispôs:

> Art. 72 – A Constituição assegura a brasileiros e a estrangeiros residentes no país a inviolabilidade dos direitos concernentes à liberdade, à segurança individual e à propriedade nos termos seguintes:
>
> [...]
>
> Parágrafo 3 – Todos os indivíduos e confissões religiosas podem exercer publica e livremente o seu culto, associando-se para esse fim e adquirindo bens, observadas as disposições do direito comum.
>
> Parágrafo 4 – A República só reconhece o casamento civil, cuja celebração será gratuita.
>
> Parágrafo 5 – Os cemitérios terão caracter secular e serão administrados pela autoridade municipal, ficando livre a todos os cultos religiosos a prática dos respectivos ritos em relação aos seus crentes, desde que não ofendam a moral pública e as leis.
>
> Parágrafo 6 – Será leigo o ensino ministrado nos estabelecimentos públicos.

[47] Decreto 119-A, de 7 de janeiro de 1890, de Marechal Manoel Deodoro da Fonseca, Chefe do Governo Provisório da República dos Estados Unidos do Brazil. Importante sublinhar que esse decreto foi elaborado pelo eminente jurista Rui Barbosa.

> Parágrafo 7 – Nenhum culto ou igreja gozará de subvenção oficial, nem terá relações de dependência ou aliança com o Governo da União, ou o dos Estados.

Extrai-se pela leitura do dispositivo constitucional e seus parágrafos que foi instituída a separação entre o poder religioso e o poder estatal, bem como a liberdade de culto. Agora, o Estado não tem mais religião oficial. Pelo contrário, a simbiose do passado é agora expressamente proibida pela primeira Constituição Federal da República brasileira. O artigo 11, 2º, constante do Título I, *Da Organização Federal*, veda aos Estados e à União "estabelecer, subvencionar, ou embaraçar o exercício de cultos religiosos." (Campanhole, 2000, p. 731).

O dispositivo vai ao encontro do quanto disposto na Declaração de Direitos (art. 72 e parágrafos), impedindo que os entes federados se posicionem oficialmente favoráveis ou contrários aos cultos religiosos em geral. (Name, 2004, p. 35)

Sérgio Buarque de Holanda (1995, p. 118) traz importante ponto de vista, segundo o qual a igreja podia até parecer aliada e cúmplice fiel da monarquia, mas, na verdade, os religiosos, como indivíduos, lhe seriam contrários. Tanto no período colonial como no imperial, as constantes intromissões das autoridades estatais na esfera religiosa teriam provocado no clero uma latente revolta contra as administrações, a ponto de comemorarem, logo ao início do período republicano, a separação iminente:

> Essa revolta reflete-se na própria pastoral coletiva do episcopado brasileiro de março de 1890, que surge quase como um aplauso franco ao regime republicano, implantado quatro meses antes, não obstante lhe seja impossível aprovar, em princípio, as ideias de separação entre a Igreja e o Estado. (...) Referindo-se, por fim, aos efeitos do padroado, em que se firmava essa posição de inconteste supremacia do poder temporal, conclui a pastoral: "Era uma proteção que nos abafava". (idem, p. 119)

Padre José Scampini tem o mesmo entendimento. Segundo ele, o fato de ter havido a descrita *união* entre Estado e Igreja no Império, certo é que acabavam por existir muitas restrições quanto à organização e ao funcionamento desta, a ponto de se reconhecer hoje que ela era uma religião "manietada e escravizada pelo Estado, através da sua intervenção abusiva na esfera da Igreja".[48]

Como se sabe, o movimento armado de 1930 pôs fim ao período denominado "Primeira República" ou "República Velha", assumindo Getúlio Vargas a Presidência após o denominado 'golpe de Estado'. Foi promulgada a nova Constituição, a *Constituição da República dos Estados Unidos do Brasil* (1934), cuja principal característica é haver sepultado a velha democracia liberal e instituído a democracia social, cujo paradigma era a *Constituição de Weimar*. Exemplificativamente, a Constituição incluiu o sufrágio feminino e o voto secreto.

Os direitos e as garantias individuais ('declaração de direitos') continuaram constando de um rol ao final do documento (art. 113) e sem a denominação de 'direitos fundamentais', antecedendo aos recém incorporados dispositivos da ordem econômica e social. Embora essa constituição previsse a liberdade de crença e de culto, ela deu margem à restrição desse direito, ao ressalvar que ela se esbarrava nos ditames da ordem pública e dos bons costumes.

> Art. 113 – A Constituição assegura a brasileiros e a estrangeiros residentes no país a inviolabilidade dos direitos concernentes à liberdade, à subsistência, à segurança individual e à propriedade, nos termos seguintes: 1) Todos são iguais perante a lei. Não haverá privilégios, nem distinções, por motivos de nascimento, sexo, raça, profissões próprias ou dos pais, classe social, riqueza, crenças religiosas ou ideias políticas. [...] 4) Por motivo de convicções filosóficas, políticas ou religiosas, ninguém será privado de qualquer dos seus direitos, salvo o caso do art.111, letra *b*. 5) É inviolável a liberdade de consciência e de crença, e garantido e livre exercício dos cultos religiosos, desde que não contravenham à ordem pública e aos bons costumes. As associações religiosas adquirem personalidade jurídica nos termos da lei civil. (CAMPANHOLE, 2000, p. 694)

Essa foi a primeira vez em que a liberdade de *crença* foi garantida expressa e constitucionalmente no Brasil, de modo que isso representa

[48] Pe. José Scampini, *Liberdade Religiosa nas Constituições Brasileiras*. Petrópolis: Vozes, 1978, p. 57 *apud* José Afonso da Silva, 2004, p. 250.

um grande avanço da liberdade religiosa no País. Não obstante a cláusula restritiva [da ordem pública e dos bons costumes] ainda representar um risco à efetiva liberdade de culto, mesmo assim o avanço é expressivo no que se refere à liberdade de crença.

A Constituição social e democrática de 1934 foi sucedida pela *Constituição dos Estados Unidos do Brasil outorgada por Getúlio Vargas em 1937*, fruto de golpe efetivado pelo Presidente, inspirada no modelo fascista e de cunho autoritário. Iniciou-se o período denominado *Estado Novo*, quando Getúlio Vargas, então presidente, determinou o fechamento do Congresso Nacional e dos partidos políticos. Na prática a Constituição não vigorou, pois o Presidente governou durante todo o Estado Novo por meio de decreto-lei e nunca convocou o plebiscito nela previsto:

> Apesar da confirmação do caráter federativo por parte da Constituição de 1934, iniciava-se uma onda de tendências antidemocráticas. Forças obscuras representadas pelo nazismo, pelo fascismo e pelo comunismo ateu, prevaleciam e projetavam sombras sobre os trópicos. Personalidades impetuosas, como Hitler, Mussolini, Generalíssimo Franco e Stalim, estavam no poder. Sobre essas influências autoritárias, o presidente Getúlio Vargas aniquilaria qualquer vestígio de federalismo no Brasil. Foi assim que, com o golpe de 1937 e subsequente outorga da Constituição no mesmo ano, o Brasil voltou à forma unitária de poder, abolindo, por completo, o federalismo. (Soriano, 2002, p. 74)

A liberdade religiosa foi abordada no art. 122 da Constituição, sob o título "Dos direitos e garantias individuais":

> Art. 122 – A Constituição assegura aos brasileiros e estrangeiros residentes no país o direito à liberdade, à segurança individual e à propriedade, nos termos seguintes:
>
> [...]
>
> 4 – Todos os indivíduos e confissões religiosas podem exercer pública e livremente o seu culto, associando-se para esse fim e adquirindo bens, observadas as disposições do direito comum, as exigências da ordem pública e dos bons costumes. (Campanhole, 2000, p. 597)

Esse período, tal qual o anterior, é marcado pela possibilidade de restrição à liberdade religiosa por exigências da ordem pública e dos bom costumes, o que, na verdade, nada mais é do que uma abertura deixada ao aparelho estatal para que interviesse na liberdade individual segundo interesses políticos. Por causa dessa previsão de resguardo da ordem pública e dos bons costumes a liberdade religiosa poderia ser facilmente negada (Ribeiro, 2002, p. 88).

Em 1945 Getúlio Vargas foi deposto pelas Forças Armadas e renunciou ao cargo de Presidente. Em 02 de fevereiro de 1946 deu-se nova convocação de uma constituinte, que culminou na *Constituição dos Estados Unidos do Brasil de 1946*, considerada por muitos a melhor que o País já teve. Esta foi elaborada para pôr fim ao autoritarismo da Constituição anterior. Ela pode ser caracterizada como liberal e social, e procurou dar continuidade à linha de evolução democrática iniciada na Primeira República. Os direitos e as garantias individuais constam de um rol ao final do documento (art. 141) e ainda sem a denominação de 'direitos fundamentais'.

> Art. 141 – A Constituição assegura aos brasileiros e aos estrangeiros residentes no país a inviolabilidade dos direitos concernentes à vida, à liberdade, à segurança individual e à propriedade, nos termos seguintes:
>
> [...]
>
> § 7º É inviolável a liberdade de consciência e de crença e assegurado o livre exercício dos cultos religiosos, salvo o dos que contrariem a ordem pública ou os bons costumes. As associações religiosas adquirirão personalidade jurídica na forma da lei civil.
>
> § 8º Por motivo de convicção religiosa, filosófica ou política, ninguém será privado de nenhum dos seus direitos, salvo se a invocar para se eximir de obrigação, encargo ou serviço impostos pela lei aos brasileiros em geral, ou recusar os que ela estabelecer em substituição daqueles deveres, a fim de atender escusa de consciência.
>
> (Campanhole, 2000, p. 488)

Vê-se que a Constituição de 1946 continuou a tratar expressamente da liberdade de crença e de culto, mantendo-se a ressalva do resguardo da ordem pública e dos bons costumes, herdada do período Vargas. Do golpe militar de 1964 (Forças Armadas contra o governo do Presidente João Goulart) adveio a *Constituição do Brasil de 1967*, que apenas repetiu as proteções da Constituição anterior. Essa Constituição é marcada por ser centralizadora, mostrar uma enorme preocupação com a segurança nacional e reduzir consideravelmente a autonomia individual. Nas palavras de Celso Bastos:

> Foi uma Constituição centralizadora. Trouxe para o âmbito federal uma série de competências que antes pertenciam aos Estados e Municípios. Reforçou os poderes do Presidente da República. Na verdade poderíamos dizer que a despeito do Texto Constitucional afirmar a existência de três Poderes, no fundo existia só um, que era o Executivo, visto que a situação reinante tornava por demais mesquinhas as competências tanto do Legislativo quanto do Judiciário. Paulo Bonavides com muita precisão averba: "Nenhuma Constituição em toda a nossa história republicana deu tantos poderes ao Presidente da República quanto a de 1967, seguida da Emenda Constitucional n. 1, de 1969, que lhe trouxe um reforço caudaloso" (Paulo Bonavides, *A Constituição de 1824*).

Nela, a liberdade religiosa foi assim tratada:

> Art. 150 – A Constituição assegura aos brasileiros e aos estrangeiros residentes no País a inviolabilidade dos direitos concernentes à vida, à liberdade, à segurança e à propriedade, nos termos seguintes:
>
> [...]
>
> § 5º É plena a liberdade de consciência e fica assegurado aos crentes o livre exercício dos cultos religiosos, que não contrariem a ordem pública e os bons costumes.
>
> § 6º Por motivo de crença religiosa, ou de convicção filosófica ou política, ninguém será privado de qualquer dos seus direitos, salvo se a invocar para eximir-se de obrigação legal imposta a todos, caso em que a lei poderá determinar a perda dos direitos incompatíveis com a escusa de consciência.
>
> (Campanhole, 2000, p. 408)

Inova essa constituição ao prever a perda dos direitos incompatíveis com a escusa de consciência. Assim, em época de plena ditadura militar, ficou assegurada ao Estado a possibilidade de intervir na liberdade religiosa de forma ainda mais intensa. De fato, concordando com Celso Bastos (*idem*, p. 81), dada a inconteste redução da autonomia individual, essa Constituição se revela mais autoritária do que as anteriores.

Muita turbulência seguiu à promulgação da Constituição de 1967, tais como movimentos estudantis, oposicionistas ao governo, que a cada ano foram adquirindo mais adeptos, como o clero progressista e os trabalhadores:

> Esses eventos se refletem a nível institucional na edição de um novo ato institucional de força, o de nº 5, a 13 de dezembro de 1968. Esse Ato marca-se por um autoritarismo ímpar do ponto de vista jurídico, conferindo ao Presidente da República uma quantidade de poderes de que muito provavelmente poucos déspotas na história desfrutaram, tornando-se marco de um novo surto revolucionário, dando a tônica do período vivido da década subsequente. Criava-se uma situação confusa porque era preciso compatibilizar o Ato n. 5 com a própria Constituição de 1967 por ele mantida, o que não era fácil, dado que muitas vezes suas disposições eram profundamente contraditórias.

O AI-5, editado em 13/12/1968, suspendeu vários direitos políticos e individuais dos cidadãos. Esse ato trouxe alterações à Constituição de 67 e atribuiu poderes nas mãos do Presidente, tais como o de decretar o recesso do Legislativo, em todas as suas órbitas, investindo-o, em consequência, numa ampla capacidade de legislar, sendo facultada a intervenção nos Estados e Municípios, sem as limitações constitucionais, revigorando-se a faculdade de suspensão de direitos políticos de qualquer pessoa e de cassação de mandatos legislativos (CUNHA, 1990, p. 99). Não se pretende esgotar nesse trabalho todas as inovações trazidas pelo AI-5, bastando para o momento o quanto já exposto, apesar de se ter ciência de que os seus abusos à liberdade e à dignidade humana foram muito mais profundos.

Da mesma forma a *Constituição da República Federativa do Brasil de 1969* que, tecnicamente, se tratou de Emenda à Constituição anterior (de 1967). Ela trouxe suspensão de direitos políticos, de garantias constitucionais e de direitos individuais hoje notoriamente fundamentais. De parte toda a história política da época – que não cabe ao presente trabalho abordar de forma exauriente –, por meio de eleição indireta realizada em 15 de janeiro de 1985 um civil foi vitorioso (Tancredo Neves) e o Brasil pode livrar-se do regime militar. Houve convocação de Assembleia Nacional Constituinte e promulgação da *Constituição da República Federativa do Brasil de 1988*, até hoje em vigor, responsável pelo renascimento da democracia federativa brasileira.

Os direitos individuais, de nacionalidade e políticos passaram ao início do texto constitucional, ganhando maior destaque e relevância, e recebendo a denominação de 'direitos e garantias fundamentais'. Mas a diferença não é somente externa, de topografia ou de nomenclatura, mas de conteúdo e de ideologia. Qualificando-se direitos como fundamentais, incluem-se eles no regime jurídico de proteção especial que a Constituição lhes outorgou, alterando, em especial, (i) o nível singular de proteção de suas normas, que têm processo mais solene de reforma e consistem em paradigma de todo o ordenamento jurídico, que lhes deve compatibilidade vertical, (ii) a circunstância de que os direitos individuais são limites materiais à competência reformadora (cláusulas pétreas – art. 60, § 4º, inciso IV) e (iii) a aplicabilidade de seus preceitos, que é imediata (CF, art. 5º, § 1º).

Diante do panorama acima exposto, segundo Martins (2009, p. 103), seria possível estabelecer uma linha comparativa da evolução histórico-normativa da liberdade religiosa no Brasil. A Constituição de 1824 seria (a) *teísta*, pois há referência à Santíssima Trindade no preâmbulo e (b) *confessional*, pois há indicação da fé católica romana religião oficial do Império (art. 5º). A Constituição de 1891 seria *ateísta*, pois não há referência a Deus no preâmbulo, *aconfessional*, pois há proibição aos Estados e à União de "estabelecer, subvencionar ou embaraçar o exercício de cultos religiosos" (art. 11, 2º) e (c) consagradora de *liberdade religiosa*, pois ela garante que todos os indivíduos e confissões religiosas podem exercer pública e livremente o seu culto, associando-se para esse fim e adquirindo bens, observadas as disposições do direito comum (art. 72, § 3º). A Constituição de 1934 seria (a) *teísta*, pois há referência a Deus no preâmbulo, (b) *aconfessional*, pois há proibição de que os entes federados possam estabelecer, subvencionar ou embaraçar o exercício de cultos religiosos (art. 17, II) e (c) consagradora de *liberdade religiosa*, sendo inviolável a liberdade de consciência e de crença, bem como o exercício dos cultos, salvo as exigências da ordem pública e dos bons costumes (art. 113, V). A Constituição de 1937 seria (a) *ateísta*, pois não há referência a Deus no preâmbulo, (b) *aconfessional*, pois há proibição de que os entes federados possam estabelecer, subvencionar ou embaraçar o exercício de cultos religiosos (art. 32, *b*) e (c) consagradora de *liberdade religiosa*, sendo livre o exercício dos cultos, salvo as exigências da ordem pública e dos bons costumes (art. 122, IV). A Constituição de 1946 seria (a) *teísta*, pois há referência a Deus no preâmbulo, (b) *aconfessional*, pois há proibição de que os entes federados possam estabelecer ou subvencionar os cultos religiosos (art. 31, II) e (c) consagradora de *liberdade religiosa*, sendo livre o exercício dos cultos, salvo as exigências da ordem pública e dos bons costumes (art. 141, § 7º). A Constituição de 1967/1969 seria (a) *teísta*, pois há referência a Deus no preâmbulo, (b) *aconfessional*, pois há proibição de que os entes federados possam estabelecer, subvencionar ou embaraçar o exercício de cultos religiosos (art. 9, II) e (c) consagradora de *liberdade religiosa*, sendo livre o exercício dos cultos, salvo as exigências da ordem pública e dos bons costumes (art. 150, § 5º).

A Constituição Federal de 1988, seguindo a classificação acima proposta, seria (a) *teísta*, pois há referência a Deus no Preâmbulo, (b) *aconfessional*, pois é vedado aos entes federados estabelecer cultos religiosos, subvencioná-los ou embaraçar-lhes o funcionamento (art. 19, inciso I) e (c) consagradora da *liberdade religiosa*, pois o art. 5º, inciso VI, garante a inviolabilidade da liberdade de consciência e de crença e de exercício dos cultos religiosos. O estudo dos dispositivos da Constituição Federal de 1988 acerca da liberdade religiosa será objeto do próximo capítulo.

A evolução constitucional do tratamento da liberdade de religião no Brasil foi bastante peculiar. A começar pela Constituição de 1824, em que a religião católica era a religião oficial do Império, e a liberdade de culto era proibida. Com a República e a separação entre o Estado e a Igreja, a liberdade de crença e de culto foram instituídas de forma plena, o que durou até a Constituição de 1934, a qual inovou ao instituir a necessidade de conformação da liberdade de culto com a ordem pública e os bons costumes, o que perdurou até a constituição de 1969, inclusive. A Constituição de 1988 representou uma evolução no trato da liberdade religiosa, na medida em que excluiu mencionadas ressalvas, como se verá a seguir.

Capítulo 4
A Liberdade Religiosa no Direito Brasileiro após a Promulgação da Constituição de 1988

A Constituição Federal de 1988, apelidada de *A Constituição Cidadã*, consagra a laicidade do Estado e confere o direito à liberdade religiosa a todas as pessoas. Antes mesmo do articulado constitucional, o Preâmbulo coloca a liberdade entre os valores supremos de uma sociedade fraterna, pluralista e sem preconceitos. Disso se extrai que a liberdade religiosa é um valor supremo do País, que de fato não se pode intitular pluralista e sem preconceitos sem que haja respeito e tolerância religiosos. Segundo Soriano (2002, p. 86):

> Uma sociedade fraterna, justa e pluralista, nos termos do preâmbulo Constitucional, só pode subsistir com liberdade, inclusive liberdade religiosa. Consequentemente, essa sociedade deve ser tolerante, em relação às diferentes confissões religiosas, senão deixa de ser pluralista, e não terá a liberdade como valor supremo.

Dos dizeres preambulares emanam os princípios da tolerância e da solidariedade, que devem informar a interpretação não somente de todo o articulado que a ele se seguirá, mas de toda a ordem jurídica subjacente. A incidência desses princípios na liberdade religiosa é direta.

O princípio da tolerância indica que o caminho a ser seguido é o da aceitação, da paciência, da admissão de ideias que sejam diferentes das próprias, ou daquela partilhada pela maioria. Tolerar é nada mais que aguentar, com resignação e respeito, formas de pensar diferentes das próprias. O princípio da solidariedade dá um passo adiante em relação à tolerância, e indica que há de se buscar a cooperação mútua entre duas ou mais pessoas, mesmo que partilhem ideias diferentes. O indivíduo deve procurar não apenas tolerar o outro, mas mais que isso, aderir à sua causa, ao seu sentimento, procurando identificar-se com ele. Só assim estar-se-á perante uma sociedade que se entenda fraterna, pluralista e sem preconceitos.

Importante ponderar, também, a expressa referência a Deus contida no preâmbulo:

> Nós, representantes do povo brasileiro, reunidos em Assembleia Nacional Constituinte para instituir um Estado Democrático, destinado a assegurar o exercício dos direitos sociais e individuais, a liberdade, a segurança, o bem-estar, o desenvolvimento, a igualdade e a justiça como valores supremos de uma sociedade fraterna, pluralista e sem preconceitos, fundada na harmonia social e comprometida, na ordem interna e internacional, com a solução pacífica das controvérsias, promulgamos, sob a proteção de Deus, a seguinte Constituição da República Federativa do Brasil.

Para tanto, essencial se perquirir qual o valor do preâmbulo da Constituição no ordenamento jurídico brasileiro. Essa resposta não é pacífica na doutrina. O preâmbulo, segundo conceituação de Celso Bastos (2002, p. 145), é o conjunto de afirmações que antecedem o próprio ato que promulga ou decreta a Constituição. Para José Afonso da Silva (2009, p. 21) preâmbulo é a parte que precede o texto articulado das Constituições. Souza (2009, p. 236)[49] conceitua preâmbulo, do latim *praeambulus*, como sendo o exórdio ou a parte preliminar de uma norma legal, em que se explica ou se justifica a sua promulgação. Ele serve também de elemento interpretativo da lei que se mostrar obscura ou duvidosa.

[49] O autor faz referência a SILVA, De Plácido e. *Vocabulário Jurídico*. Vol. III. Rio de Janeiro: Forense, 1997, p. 414.

Quanto ao seu real valor na ordem jurídica, a doutrina também não é consensual. Teria ele valor normativo, de mero indicativo de uma postura recomendada, ou valor nenhum? José Afonso da Silva (2008, p. 203) afirma que "a generalidade dos autores recusa-lhe natureza normativa no sentido técnico-jurídico, reconhecendo nele simples diretivas básicas do regime constitucional, especialmente de ordem moral e filosófica". E continua o autor, expondo o posicionamento de importantes pensadores acerca do tema (*idem, ibidem*):

> É essa a opinião de Kelsen, para quem o preâmbulo "expressa as ideias políticas, morais e religiosas que a Constituição tende a promover. Geralmente, o preâmbulo não estipula normas definidas em relação com a conduta humana e, por conseguinte, carece de um conteúdo juridicamente importante". Mas a questão está longe de ser pacífica.[50] Carl Friedrich reconhece nele particular importância porque reflete a opinião pública à qual cada constituição deve a sua força.[51] Burdeau entende que o preâmbulo, qualquer que seja, fixa a atitude do regime diante dos grandes problemas sociais, políticos e internacionais.[52] Carl Schmitt sustentou que as Constituições da Alemanha de 1871 e 1919 continham preâmbulos em que a decisão política se encontrava formulada de maneira singularmente clara e penetrante, rebatendo a teoria que os tratava quase sempre como "simples declarações", ou "notícias históricas", ou declarações de valor meramente *enunciativo*, não *dispositivo*.[53] García-Pelayo, após expor o pensamento de Schmitt, não titubeia em considerar as declarações contidas no preâmbulo como parte integrante e essencial da ordem jurídica constitucional, posto que dão sentido à normas jurídicas.[54] Vedel defende a tese de que o "preâmbulo, texto votado pela constituinte sob um título geral recobrindo o conjunto do texto constitucional, submetido como tal ao *referendum*, faz parte integrante da Constituição e tem, no mínimo, um valor jurídico igual a esta".[55] Mas reconhece que nele, há partes imprecisas, vagas, de que não

[50] *Teoría general del Derecho y del Estado*, p. 309.
[51] *La démocratie constitutionnelle*, p. 86.
[52] *Droit constitutionnel et institutions politiques*, p. 376.
[53] *Teoría de la constitución*, p. 29.
[54] *Derecho constitucional comparado*, p. 111
[55] *Manuel élémentaire de droit constitutionnel*, Paris, 1949, p. 326.

se pode extrair verdadeiras normas jurídicas. Mesmo nessas partes, porém, vê consequências jurídicas.[56] Impende observar que Vedel está analisando o preâmbulo da Constituição francesa de 1946, que Carl Friedrich acha ser "uma anomalia jurídica, porque tal preâmbulo deve necessariamente ter mais do que um valor declarativo"[57].

Notória a polêmica acerca do real valor do preâmbulo no ordenamento jurídico e longe se está de um entendimento comum entre os juristas. No entanto, há concordância de que o preâmbulo tem valor como vetor para a interpretação e aplicação das normas constitucionais. Ele tem, portanto, eficácia interpretativa e integrativa. Segundo José Afonso da Silva (idem, p. 204), "mas, se contêm uma declaração de direitos políticos e sociais do homem, valem como regra de princípio programático, pelo menos, sendo que a jurisprudência francesa, como anota Liet-Veaux[58], lhes dá valor de lei, uma espécie de lei supletiva".

Para Pinto Ferreira o preâmbulo é uma parte integrante da Constituição e está acima das leis ordinárias.[59] Citando esse autor, Souza (2009, p. 236) explica que o preâmbulo "não seria parte inútil ou de mero ornamento na construção constitucional, mas palavras introdutórias que resumiriam, constituiriam e proclamariam o pensamento primordial e os intuitos dos constituintes que a arquitetaram."

Celso Bastos esclarece que é estreme de dúvidas o fato de que os preâmbulos fornecem vetores para a atividade interpretativa. Eles servem de introdução ao que será desenvolvido no texto constitucional, antecipando as ideias que serão a seguir desenrroladas. Seriam, portanto, uma espécie de justificativa para a promulgação da Constituição. Assim:

> São palavras pelas quais o constituinte procura vincar a legitimidade do Texto, quer fazendo referências aos fatores que determinaram a ruptura da ordem jurídica anterior, quer a uma série de princípios de ordem material que informaram e presidiram a todos os trabalhos constituintes. É uma tentativa de muito abstratamente externar aqueles valores e prin-

[56] *Idem*, p. 326 e 327.

[57] Ob. Cit., p. 87.

[58] *Droit constitutionnel*, pp. 136 e 137

[59] Cf. *Preâmbulo*, in *Enciclopédia Saraiva de Direito*, vol. 59, p. 505. *Apud* SILVA, 2009, p. 22.

cípios fundamentais que vão ser posteriormente retomados e desdobrados em nível normativo pelo Texto Constitucional propriamente dito. (Bastos, 2002, p. 146)

Canotilho[60] pronunciou-se da seguinte forma:

> O preâmbulo não é juridicamente irrelevante. Faz parte do documento constitucional e foi aprovado juntamente com a Constituição. O seu valor jurídico é no entanto subordinado. Funciona como elemento de interpretação – e, eventualmente de integração – das normas constitucionais. (...) Mas o preâmbulo desempenha ainda uma outra importante função constitucional. Ele exprime, por assim dizer, o título da legitimidade da Constituição, quer quanto à sua origem, quer quanto ao seu conteúdo (legitimidade constitucional material).

A propósito, acentua Bastos (*idem*, p. 147) que o preâmbulo não integra a Constituição formal, mas apenas a material. A Constituição material, ou melhor, a Constituição em sentido material, consiste no conjunto de forças políticas, ideológicas, econômicas etc. que conforma a realidade social de um dado Estado, configurando a sua particular maneira de ser. Ela não se confunde com o ordenamento jurídico aplicável, pois faz parte do mundo do ser, e não do dever ser, do qual o direito faz parte. "Ela se desvenda através de ciências próprias, tais como a sociologia, a economia, a política, que formulam regras ou princípios acerca do que existe, e não acerca do que deve existir como se dá com o direito." (Bastos, 1990, p. 40).

Já a Constituição em sentido formal é o conjunto de normas legislativas que se distinguem das não-constitucionais em razão de serem produzidas por um processo legislativo mais dificultoso e solene do que o conferido às leis ordinárias, como uma assembleia constituinte, quorum especial, votações repetidas e distanciadas temporalmente etc. Assim, determinada norma pode ser apenas formalmente constitucional, e não substancialmente constitucional, a partir do momento em que foi inserida do texto constitucional para obter a proteção típica das

60 Canotilho, J. J. Gomes. *Comentários à Constituição Portuguesa*, p. 63, item IV; apud Bastos, 2002, p. 147.

normas constitucionais, mas, na verdade, o seu *conteúdo* não é constitucional, ou seja, não regula um aspecto fundamental da comunidade política (Bastos, 1990, p. 43). Esclarece o autor (*idem*, p. 41):

> Assim como o direito civil regula as relações entre os particulares, o direito do trabalho, as relações de emprego, o direito constitucional, discriminado segundo o critério de seu objetivo ou substância, estuda as relações jurídicas mínimas para a existência de um Estado. A Constituição é, pois, o conjunto de normas estruturais de uma dada sociedade política. Pode-se, segundo esta acepção, saber se uma dada norma jurídica é constitucional ou não, examinando-se tão-somente o seu objeto. Se regular um aspecto fundamental da comunidade política, indispensável à sua concepção ou à sua permanência, se tratar da distribuição do poder dentro da sociedade, se versar, enfim, sobre algo que, alterado, abalaria as próprias vigas mestras do ente político, será constitucional, fará parte da Constituição. Se não satisfizer a este requisito de ser norma relativa às relações basilares, fundamentais, entre os órgãos do Estado ou entre estes e os indivíduos, ela não fará parte da Constituição.

Segundo o posicionamento do autor, o preâmbulo, então, faria parte da Constituição em sentido material, consistente no conjunto de dados da realidade econômica, ideológica e política, que conferem a peculiaridade de certo Estado; mas não seria parte da Constituição em sentido formal, ou seja, do conjunto de normas hierarquicamente superiores e beneficiadas por um regime jurídico diferenciado, não estando, portanto, no ápice da pirâmide normativa, subordinando todas as demais normas do ordenamento jurídico.

O autor deixa claro seu entendimento de que o preâmbulo tem caráter subordinado, não se podendo fazer prevalecer o que dele consta sobre o que compõe o articulado da constituição propriamente dita. Ele chega a dizer que o preâmbulo teria papel redundante, pois a sua linha normativa será adotada no decorrer do Texto, ou seja, será normatizada no articulado da Constituição. Portanto, o preâmbulo teria função de auxiliar de interpretação, mas não teria força normativa. Ele não teria estrutura de uma norma constitucional, mas exerceria relevante papel na interpretação das normas constitucionais, já que fornece elementos que facilitam a compreensão do momento histórico-político em que foi elaborada a Constituição. (2002, p. 148)

E conclui:

> O preâmbulo desempenha um papel extrajurídico de funcionar como um legitimador da Constituição, antecipando o conteúdo da Carta que seguirá. Não estranha, pois, que sejam as constituições autoritárias, na história brasileira, aquelas que têm os preâmbulos mais largos, ao passo que as democráticas têm os mais sintéticos. (*idem*, p. 149)

Como se nota, há bastante discordância sobre qual seria o exato papel do preâmbulo no ordenamento jurídico. Porém, uma função parece ser consensual: o papel de vetor da atividade interpretativa das normas jurídicas. De fato, à parte toda a discussão, certo é que o preâmbulo há que ser considerado na interpretação e, consequentemente, na aplicação das normas jurídicas, papel esse de indiscutível relevância para o operador do direito.

A importância em se precisar o real valor do preâmbulo dentro do ordenamento jurídico é devido à necessidade de se desvendar o significado da referência a Deus feita no preâmbulo da Constituição de 1988. Exceto as duas primeiras constituições republicanas (1891 e 1937), todas as demais constituições brasileiras fizeram referência a Deus no preâmbulo. Diante do princípio da laicidade e da liberdade de religião presentes na Constituição Federal de 1988, a referência a Deus no preâmbulo parece despropositada, deslocada.

Apesar de não se ter a noção exata da interferência que a referência a Deus no preâmbulo causa à organização social, uma coisa se tem por certa: ela espraiou-se para os Estados federados, cujas constituições também se referem a Deus em seus preâmbulos. A única exceção é a Constituição do Acre, que não acompanhou a tradição Federal ou a opção de seus pares[61] (SOUZA, 2009, p. 238). Dessa forma, excetuando-se o

[61] Assim o diz o preâmbulo da Constituição Estadual do Acre: "A Assembleia Estadual Constituinte, usando dos poderes que lhe foram outorgados pela Constituição Federal, obedecendo ao ideário democrático, com o pensamento voltado para o povo e inspirada nos heróis da revolução acreana, promulga a seguinte Constituição do Estado do Acre."

Acre, todas as demais constituições estaduais referem-se a Deus em seus preâmbulos, a exemplo da Constituição Federal. Em se tratando de um Estado laico, indaga-se se essa referência seria legítima, ou melhor, se teria ela força normativa. Assim o coloca Souza (*idem*, p. 239):

> Segundo Pinto Ferreira[62], o preâmbulo pode ter alguma força constitucional somente quando os seus propósitos forem reafirmados no texto constitucional. Enquanto diversos elementos preambulares são reafirmados no texto constitucional como valores supremos de uma sociedade pluralista e sem preconceito, ou seja, Estado democrático, direitos sociais e individuais, liberdade, segurança, igualdade e justiça; a referência a Deus, também presente no preâmbulo, é excluída. É o único ponto do preâmbulo não reafirmado pelo texto constitucional. Além de não ser reafirmado nem direta ou indiretamente, a Constituição proíbe expressamente o relacionamento político-religioso.

Muito elucidativa essa colocação, pois há que se notar que a menção a Deus não só não foi normatizada no texto articulado da Constituição Federal, como restou fatalmente vedada pelo conjunto das disposições que acabam por instituir a laicidade e a liberdade de religião no Brasil. Pode-se até dizer que é inócua a referência a Deus no preâmbulo, mas ela se justifica diante da tradição brasileira. Como bem esclarece José Afonso da Silva, "de fato, um Estado leigo não deveria invocar Deus em sua Constituição. Mas a verdade também é que o sentimento religioso do povo brasileiro, se não impõe tal invocação, a justifica. Por outro lado, para os religiosos ela é importante. Para os ateus, há de ser indiferente. Logo, não há por que condená-la. Razão forte a justifica: o *sentimento popular, de quem provém o poder constituinte.*" (2008, p. 25)

O art. 1º da Constituição Federal de 1988, ao anunciar os princípios fundamentais do Estado brasileiro, estabelece a cidadania e a dignidade da pessoa humana como um deles. A liberdade religiosa está absolutamente relacionada com a dignidade da pessoa humana e com a cidadania. Cidadania, segundo clássica definição de Hannah Arendt, é "o

[62] FERREIRA, Luiz Pinto. *Comentários à Constituição Brasileira*. Vol. I. São Paulo: Saraiva, 1989, p. 3.

direito a ter direito". Efetivamente, para que um indivíduo possa se considerar cidadão e portador de dignidade juridicamente protegida, a sua opção religiosa deve ser respeitada, como parte de sua liberdade de consciência. Seria inimaginável um cidadão da atualidade que se considerasse essencialmente digno tendo de seguir a religião oficial do seu País, que não fosse a sua, ou que tivesse a si proibida a crença ou o culto da religião que professasse.

A Declaração de Direitos do Homem e do Cidadão de 1789 – *Déclaration des Droits de l'Homme et du Citoyen* – separa o conceito de homem do de cidadão, de forma que o homem seria o titular dos direitos fundamentais individuais, e o cidadão o titular dos direitos políticos, de votar e ser votado, essenciais à democracia representativa. No entanto, com a evolução das noções de democracia, dos direitos fundamentais e da dignidade humana, o que se entendia por cidadania se enriqueceu, e passou a significar mais do que simplesmente a titularidade de direitos políticos. A *cidadania* do art. 1º, inciso II, da Constituição Federal de 1988, fundamento da República, abrange todos aqueles que são titulares de direitos fundamentais. O termo em análise relaciona-se com a dignidade da pessoa humana. Assim, cidadania seria a possibilidade de, num determinado Estado de Democrático de Direito, um indivíduo ser titular de direitos fundamentais e poder cobrar essa posição dos poderes públicos. A propósito, leciona José Afonso da Silva (2009, p. 36 e 37):

> A cidadania, assim considerada, consiste na consciência de pertinência à sociedade estatal como titular dos direitos fundamentais, da dignidade como pessoa humana, da integração participativa no processo do poder, com a igual consciência de que essa situação subjetiva envolve também deveres de respeito à dignidade do outro, de contribuir para o aperfeiçoamento de todos.

Dessa forma, tem-se que a cidadania é a qualidade do indivíduo de ser titular de direitos fundamentais, relativos à dignidade da pessoa humana, podendo cobrar a sua efetivação por parte do poder público. A liberdade religiosa é direito fundamental do indivíduo e, assim, prerrogativa da cidadania, de forma que o indivíduo tem a proteção jurídica respectiva e a possibilidade de cobrar dos poderes públicos a sua efetivação, seja negativamente, para que se abstenham de embaraçar a sua fé, seja positivamente, agindo na garantia de sua liberdade de crença e de culto.

A liberdade religiosa encontra-se garantida, também, no art. 3º, incisos I e IV, da Constituição Federal, quando ela dispõe que constituem objetivos fundamentais da República Federativa do Brasil a construção de uma sociedade livre, justa e solidária, bem como a promoção do bem de todos, sem preconceitos de origem, raça, sexo, cor, idade e quaisquer outras formas de discriminação.

Não se pode negar que a liberdade religiosa é direito essencial numa sociedade que almeje *fundamentalmente* ser livre, justa, solidária e isenta de preconceitos e discriminações. Para que tais objetivos sejam concretizados, a religião da cada pessoa deve ser respeitada, valendo isso tanto nas relações recíprocas entre os indivíduos, quanto nas relações para com o Estado, de forma que a crença ou o culto não se constitua em motivo para prejudicar ou favorecer o titular do direito. O dispositivo reforça o princípio da solidariedade extraído, antes, do preâmbulo, consistente num vetor apontando para a busca da cooperação mútua entre duas ou mais pessoas, mesmo que partilhem ideias ou religiões diferentes, conforme visto acima.

O art. 5º da Constituição Federal é de incomparável relevância no presente estudo. Ele inaugura no texto constitucional o Título II, *Dos direitos e garantias fundamentais*, e também o Capítulo I desse título, *Dos direitos e deveres individuais e coletivos*. Infere-se, portanto, que o art. 5º trata dos direitos e deveres individuais e coletivos *fundamentais*. Já no *caput*, o art. 5º dispõe que todos são iguais perante a lei, sem distinção de qualquer natureza, sendo garantida ao brasileiro e ao estrangeiro residente no País a inviolabilidade do direito à vida, à liberdade e à igualdade, entre outros elencados.

Seguindo a trilha iniciada pelo art. 3º, o art. 5º, *caput*, da CF/88, garante a igualdade entre as pessoas e veda a diferenciação por qualquer motivo, o que faz presumir esteja incluída a sua crença e seu culto religioso. A igualdade é ratificada posteriormente no dispositivo, como direito inviolável, ao lado da liberdade. Assim, entende-se que a liberdade de crença e a de culto são liberdades individuais fundamentais da

República Federativa do Brasil, garantidas como direitos invioláveis, o que será confirmado pela enunciação de direitos e garantias que segue o *caput.*

O direito à vida, segundo José Afonso da Silva (2009, p. 66), aborda a "vida" como "um processo (processo vital), que se instaura com a concepção (ou germinação vegetal), transforma-se, progride, mantendo sua identidade, até que muda de qualidade, deixando, então, de ser *vida* para ser *morte.* Tudo que interfere em prejuízo deste fluir espontâneo e incessante contraria a vida". A vida é a fonte primária de todos os outros bens jurídicos, ou seja, sem o direito à vida, não há que se falar em direito à liberdade, à imagem, à propriedade. Ele é o alicerce sobre o qual erigem todos os outros bens constitucionalmente assegurados e protegidos. Como se verá posteriormente, inclusive com análise de jurisprudência, o direito à vida, a despeito de sua sublimidade, às vezes entra em aparente conflito com o direito à liberdade religiosa, o que demanda uma solução ao caso concreto com a aplicação de ambos os direitos fundamentais cedendo-se reciprocamente. É o que ocorre nos casos em que a vida de um paciente hospitalar depende de transfusão de sangue, mas este, ou os seus pais, são Testemunhas de Jeová e não autorizam o procedimento por ser contrário aos dogmas da religião a que professam.

O art. 5º, inciso IV, preceitua que é livre a manifestação do pensamento, sendo vedado o anonimato. Como mencionado anteriormente, Pontes de Miranda, Jean Rivero e outros autores entendem que a liberdade de crença é consequência da liberdade do pensamento. Celso R. Bastos (2001, p. 107) partilha desse entendimento, demonstrando que no contexto da liberdade de pensamento há que se destacar a liberdade de opinião, cujo traço fundamental é a escolha pelo homem da sua verdade, não importa em que domínio. A liberdade de opinião adquire o nome de liberdade de consciência e de crença quando tem por objeto a moral e a religião.

O inciso VI do artigo 5º é o dispositivo que trata da liberdade religiosa por excelência e a coloca explicitamente no rol de direitos fundamentais. Ele assim dispõe: "É inviolável a liberdade de consciência e de crença, sendo assegurado o livre exercício dos cultos religiosos e garantida, na forma da lei, a proteção aos locais de culto e as suas liturgias."

O dispositivo deixa explícita a proteção à liberdade religiosa, até então extraída de outros direitos, como a igualdade, a tolerância, a solidariedade e a manifestação do pensamento. Com isso restou evidenciada a proteção constitucional à liberdade individual de crença e de culto, com *status* de direito fundamental. Como qualquer direito previsto constitucionalmente, a liberdade religiosa não é um direito absoluto, mas relativo, de forma que o seu alcance vai até onde não se embarace o exercício da liberdade religiosa de outra pessoa.

No âmbito da legislação infraconstitucional, e no sentido imposto pelo art. 5º, inciso VI, da CF, o art. 208 do Código Penal tipifica a conduta de "escarnecer de alguém publicamente, por motivo de crença ou função religiosa; impedir ou perturbar cerimônia ou prática de culto religioso; vilipendiar publicamente ato ou objeto de culto religioso", impondo ao agente uma pena de detenção de um mês a um ano, ou multa, sujeita a aumento de um terço se houver emprego de violência, sem prejuízo de cumular a pena da violência. Ao trazer para o âmbito penal a proteção da liberdade religiosa, aí incluídos a crença e o culto, o legislador acabou por conferir a esse direito maior eficácia.

Tavares (2009, p. 55 e 56), comentando a liberdade religiosa consagrada no art. 5º, inciso VI, da Constituição Federal de 1988, explica que, enquanto direito fundamental, nela há de se incluir a liberdade:

> i) de opção em valores transcendentais (ou não); ii) de crença nesse sistema de valores; iii) de seguir dogmas baseados na fé e não na racionalidade estrita, iv) da liturgia (cerimonial), o que pressupõe a dimensão coletiva da liberdade, v) do culto propriamente dito, o que inclui um aspecto individual, vi) dos locais de prática do culto, vii) de não ser o indivíduo inquirido pelo Estado sobre suas convicções, viii) de não ser o indivíduo prejudicado, de qualquer forma, nas suas relações com o Estado, em virtude de sua crença declarada.

E continua o autor, esclarecendo que:

> Quanto a esse conjunto de liberdades, do ponto de vista da teoria dos direitos fundamentais, devem ser classificados como direitos "negativos", a exigir a devida atenção e contenção por parte do Poder Público. São os denominados direitos de primeira dimensão, especificados e alinhados à

> liberdade maior de consciência. (...) Mas não é só. Há uma dimensão positiva da liberdade de religião, pois o Estado deve assegurar a permanência de um espaço para o desenvolvimento adequado de todas as confissões religiosas. Cumpre ao Estado empreender esforços e zelar para que haja essa condição estrutural propícia ao desenvolvimento pluralístico das convicções pessoais sobre religião e fé. É possível, portanto, vislumbrar vedações dirigidas ao Estado, quando se trata de liberdade religiosa, como a proibição de: i) guerras santas; ii) discriminação estatal (*lato sensu*) arbitrária e danosa entre as diversas igrejas; iii) obrigar que o indivíduo apresente e divulgue suas convicções religiosas; iv) estabelecer critérios axiológicos para selecionar as melhores religiões; v) estabelecer pena restritiva de direitos junto a templo religioso. (idem, ibidem)

Com isso, evidencia-se o fato de a liberdade religiosa exigir tanto a abstenção do poder público, no sentido de que o seu exercício não pode ser embaraçado, quanto uma atuação positiva deste, no sentido de que deve ele zelar pelas condições adequadas ao exercício desse direito.

O art. 5º, inciso VII, da CF/88, assegura a prestação de assistência religiosa nas entidades civis e militares de internação coletiva, nos termos da lei. Nessa trilha, a Lei de Execução Penal (arts. 3º e 24) e o Código Penal (art. 38) garantem ao condenado criminalmente o direito à assistência religiosa.

O art. 5º, inciso VIII, da CF/88, dispõe sobre a *escusa de consciência*, garantindo que "ninguém será privado de direitos por motivo de crença religiosa ou de convicção filosófica ou política, salvo se as invocar para eximir-se de obrigação legal a todos imposta e recusar-se a cumprir prestação alternativa, fixada em lei". Esse dispositivo constitucional prevê uma garantia de mão dupla. Primeiro, ao indivíduo, portador de um conjunto particular de convicções, ideologias e crenças, que não poderá ser privado dos direitos concernentes a todos os cidadãos em virtude do exercício da sua liberdade de religião. É uma garantia também ao restante das pessoas, de que um indivíduo em particular não será privilegiado ou isento de obrigações a todos imposta simplesmente porque tem uma certa convicção religiosa. Assim, é uma garantia de dupla face, aplicável ao indivíduo, que terá os seus direitos assegurados, e ao restante das pessoas, que não verão uma só pessoa privilegiada por motivo de suas peculiares convicções religiosas. No entanto, como consequência da liberdade de consciência e de crença religiosa, advém o direito de o indivíduo recusar a prestar determinadas imposições que contrariem as próprias convicções. Não fosse assim, não se poderia falar que existe efetivamente o direito à liberdade religiosa.

Esse é o ponto em que o direito à igualdade entra em possível choque com o direito à liberdade de crença. O princípio da igualdade, em que todos são iguais perante a lei, e homens e mulheres são iguais em direitos e obrigações, nos termos da Constituição, indica que não pode haver distinções ou privilégios entre as pessoas. Mas e se a pessoa invocar sua crença religiosa para receber tratamento diferenciado? O direito fundamental à liberdade de religião garante que a sua crença seja respeitada. Seria o caso, então, de ser-lhe conferida prestação alternativa, respeitadora de suas crenças, mas ainda impositiva, a fim de que não fique em situação de privilégio em relação às demais pessoas.

Ilustra-se essa situação com o seguinte exemplo: por questões religiosas, o indivíduo recusa-se a prestar serviço militar, obrigação legal a todos imposta. Reconhece-se o direito da escusa ou imperativo de consciência, mas a lei pode impor ao indivíduo prestação alternativa, esta sim compatível com as suas convicções. Caso advenha essa lei, fixando a obrigação alternativa, dela o escusante não se poderá furtar.

Essa é uma norma constitucional de aplicabilidade imediata, mas eficácia contida, pois a lei que fixar a prestação alternativa conterá o conteúdo da norma, que é a escusa de consciência.

Esse dispositivo encontra maior aplicação nos casos de prestação de serviço militar. Dispõe o art. 143 da CF:

> Art. 143. O serviço militar é obrigatório nos termos da lei.
>
> § 1º Às Forças Armadas compete, na forma da lei, atribuir serviço alternativo aos que, em tempo de paz, após alistados, alegarem imperativo de consciência, entendendo-se como tal o decorrente de crença religiosa e de convicção filosófica ou política, para se eximirem de atividades de caráter essencialmente militar.
>
> § 2º As mulheres e os eclesiásticos ficam isentos do serviço militar obrigatório em tempo de paz, sujeitos, porém, a outros encargos que a lei lhes atribuir.

Esse é um dispositivo de eficácia e aplicabilidade limitada, que depende de lei infraconstitucional para irradiar os seus efeitos na ordem jurídica, como se verá adiante mais detidamente. A lei nº 8.239, de 04 de outubro de 1991, regulamenta o art. 143, §§ 1º e 2º da Constituição Federal, e trata da prestação de serviço alternativo ao serviço militar obrigatório. A Portaria 2.681/92, por sua vez, regulamenta essa lei.[63]

Importante anotar nesse momento o conteúdo do art. 15, inciso IV, da CF/88.

> Art. 15. É vedada a cassação de direitos políticos, cuja perda ou suspensão só se dará nos casos de: [...] IV – recusa de cumprir obrigação a todos imposta ou prestação alternativa, nos termos do art. 5º inciso VIII.

Assim, além da pena estipulada em lei, a própria Constituição Federal determina a cassação dos direitos políticos daquele que não cumprir a obrigação alternativa.

Importante abrir aqui um parêntese para analisar a eficácia e a aplicabilidade das normas constitucionais, a fim de melhor estudar as nor-

[63] Lei nº 8.239, de 1991
Art. 3º [...]
§ 2º. Entende-se por Serviço Alternativo o exercício de atividades de caráter administrativo, assistencial, filantrópico ou mesmo produtivo, em substituição às atividades de caráter essencialmente militar.
§ 3º O Serviço Alternativo será prestado em organizações militares da ativa e em órgãos de formação de reservas das Forças Armadas ou em órgãos subordinados aos Ministérios Civis, mediante convênios entre estes e os Ministérios Militares, desde que haja interesse recíproco e, também, sejam atendidas as aptidões do convocado.
Art. 4º Ao final do período de atividade previsto no § 2º do art. 3º desta lei, será conferido Certificado de Prestação Alternativa ao Serviço Militar Obrigatório, com os mesmos efeitos jurídicos do Certificado de Reservista.
§ 1º A recusa ou cumprimento incompleto do Serviço Alternativo, sob qualquer pretexto, por motivo de responsabilidade pessoal do convocado, implicará o não-fornecimento do certificado correspondente, pelo prazo de dois anos após o vencimento do período estabelecido.
§ 2º Findo o prazo previsto no parágrafo anterior, o certificado só será emitido após a decretação, pela autoridade competente, da suspensão dos direitos políticos do inadimplente, que poderá, a qualquer tempo, regularizar sua situação mediante cumprimento das obrigações devidas.

mas relativas à liberdade religiosa. A classificação de José Afonso da Silva (2008) sobre a eficácia e a aplicabilidade das normas constitucionais divide as normas constitucionais em **(i)** normas de eficácia plena, que são normas fortes e de aplicabilidade imediata, que não podem ser enfraquecidas pelo legislador ordinário ou pela Administração Pública, **(ii)** normas de eficácia contida, que têm aplicabilidade imediata e são fortes, apesar de poderem ser reduzidas pelo legislador infraconstitucional ou pela Administração Pública, e **(iii)** normas de eficácia limitada, que são aquelas que não produzem todos os seus efeitos de imediato, necessitando de um comportamento legislativo infraconstitucional ou da ação dos administradores para o seu integral cumprimento.

José Afonso da Silva classifica essas últimas em **(iii.1)** normas constitucionais de princípio institutivo, que são aquelas através das quais o legislador constituinte traça esquemas gerais de estruturação e atribuição de órgãos, entidades ou institutos, para que o legislador ordinário os estruture em definitivo, mediante lei, e **(iii.2)** normas constitucionais de princípio programático, que são aquelas normas através das quais o constituinte, em vez de regular, direta e imediatamente, determinados interesses, limitou-se a traçar-lhes os princípios para serem cumpridos pelos seus órgãos (legislativos, executivos, jurisdicionais e administrativos), como programas das respectiva atividades, visando à realização dos fins sociais dos Estados.

Para Celso R. Bastos e Carlos A. Britto (1982, p. 34 e ss.) as normas constitucionais podem ser **(i)** normas de aplicação, que são aquelas aptas a produzirem todos os seus efeitos, ou seja, aquelas em que o comando constitucional é bastante em si e **(ii)** e normas de integração, aquelas que "inadmitem o seu inteiro cumprimento sobre os fatos ou comportamentos disciplinados, porque reclamam a intermediação de lei subconstitucional integradora do seu comando", ou seja, um comando complementar da vontade constitucional.[64]

[64] Os autores, na obra em análise, bipartem as normas de aplicação em duas categorias, a de normas irregulamentáveis e a de normas regulamentáveis. A primeira contém as normas insuscetíveis de qualquer tratamento que não seja de nível constitucional, ao passo que a segunda contém as normas que, "malgrado o seu conteúdo pétreo, admitem sua regulamentação por via subalterna. Aceitam um regramento ancilar, que se revele como instrumental à sua melhor aplicação" (p. 44). Já as normas de integração são bipartidas

Existe outra classificação das normas constitucionais, importada pelo Brasil da doutrina e jurisprudência constitucional norte-americana, que divide as normas constitucionais em *self-executing provisions* e *not self-executing provisions*, traduzidas no Brasil como *normas autoaplicáveis* ou *autoexecutáveis*, ou *bastantes em si* (Pontes de Miranda) e *normas não autoaplicáveis* ou *não autoexecutáveis*, ou *não-bastantes em si* (Pontes de Miranda). A primeira categoria é composta pelas normas constitucionais que são desde logo aplicáveis, não dependem de qualquer ato supletivo para que regule a situação a que se propõe e são revestidas de plena eficácia jurídica. Já a segunda categoria é formada pelas normas constitucionais que dependem de lei ordinária posterior para a plenitude de sua aplicabilidade.

Assim o esclarece José Afonso da Silva, citando Ruy Barbosa (2008, p. 74):

> Ruy Barbosa, fundado nos autores e na jurisprudência norte-americanos, difundiu a doutrina entre nós, e conceitua as normas autoexecutáveis como sendo "as determinações, para executar as quais não se haja mister de constituir ou designar uma autoridade, nem criar ou indicar um processo especial, e aquelas onde o direito instituído se ache armado por si mesmo, pela sua própria natureza, dos seus meios de execução e preservação." Não autoexecutáveis são as que "não revestem dos meios de ação essenciais ao seu exercício os direitos, que outorgam, ou os encargos, que impõem: estabelecem competências, atribuições, poderes, cujo uso tem de aguardar que a Legislatura, segundo o seu critério, os habilite a se exercerem."

Ainda sobre a classificação das normas constitucionais de acordo com a respectiva eficácia e aplicabilidade, Bandeira de Mello (1981, p. 241) sugere um esquema que, segundo ele, "não se propõe a contender com os anteriores. É neutro em relação a eles. Não envolve qualquer pronúncia sobre sua acolhida ou rejeição. Com efeito, o critério

em normas completáveis e normas restringíveis. As primeiras "se caracterizam pela circunstância de demandar um aditamento ao seu campo de regulação, ou ao modo como plasmam a matéria sobre que incidem", por meio de regra ordinária. Já as segundas se compõem de normas que são passíveis de restrição ou redução do seu campo de incidência, também por meio de lei ordinária.

que vamos adotar é o da investidura, em prol dos administrados, de direitos mais ou menos amplos descendentes direta e imediatamente do Texto Constitucional".

Assim, de acordo com ao autor (*idem*, p. 242), as normas constitucionais podem se subdividir em três grandes grupos. O primeiro é composto pelas normas que outorgam um "poder jurídico", isto é, outorgam "uma situação subjetiva ativa cujo desfrute independe de uma prestação alheia (...). O bem jurídico protegido é desfrutável, em si mesmo – não como *contrapartida* de vínculo estabelecido em *relação jurídica*." São os direitos propriamente ditos, ou seja, os direitos *stricto sensu*. Esclarece o autor: "Estes 'poderes jurídicos', para serem fruídos, não requerem uma *atuação* alheia. Requerem uma *abstenção*, uma omissão, em geral do Poder Público. Os titulares destes poderes não necessitam que alguém lhes preste algo, mas, pelo contrário, só necessitam que outrem não os embarace, não os turbe. Isto é, requerem, para seu gozo e exercício, um comportamento omissivo de terceiros." O art. 5º, inciso VI, da CF/88, dispositivo que trata da liberdade religiosa por excelência, melhor se adéqua a essa situação jurídica.

O segundo grupo de normas seria composto pelas normas constitucionais que contenham, "em sua dicção, o necessário e suficiente para gerar, em prol do administrado, uma concreta utilidade, suscetível de fruição mediante desfrute positivo e que consiste em um *direito* propriamente dito, isto é, bem jurídico cuja fruição depende de uma *prestação alheia*. Daí que se realiza na intimidade de uma relação jurídica e como expressão dela (...)." Esse direito se diferencia do contido nas normas do primeiro grupo porque aqui, para que a fruição ocorra, "depende de que a norma constitucional *haja desenhado uma conduta de outrem* (geralmente do Estado) em termos que permitam reconhecer qual o comportamento específico deste terceiro capaz de dar concreta satisfação à utilidade deferida ao administrado." Aqui, o autor cita como exemplo a norma constante do art. 176, § 3º, inciso V, da Carta de 1969[65], que hoje corresponde ao art. 210 da CF/88, sobre o ensino religioso nas escolas oficiais de ensino fundamental. Esclarece que "A simples existência

[65] Art. 176, § 3º, inciso V, CF/69: "O ensino religioso, de matrícula facultativa, constituirá disciplina dos horários normais das escolas oficiais de grau primário e médio."

deste preceito, sem necessidade de qualquer outra regra subsequente, já garante, de imediato, o direito a *fruir de ensino religioso* e de *exigir que seja ministrado*, caso os estabelecimentos oficiais referidos o omitam. A norma indica quem é o obrigado e caracteriza, de modo suficiente, a conduta devida cujo implemento satisfaz o direito concedido." (*idem, ibidem*)

O terceiro e último grupo do esquema proposto por Bandeira de Mello é composto pelas normas constitucionais que indicam "uma finalidade a ser cumprida obrigatoriamente pelo Poder Público, sem, entretanto, apontar os meios a serem adotados para atingi-la, isto é, sem indicar as condutas específicas que satisfariam o bem jurídico consagrado na regra. (...) Apesar de a posição jurídica do destinatário da norma ser menos consistente nesses casos – "*pois não lhes confere fruição alguma nem lhes permite exigir* que se lhes dê o desfrute de algo" –, certo é que elas ainda detêm a relevância de serem normas constitucionais e devem ser obedecidas, respeitadas e prestigiadas pelo Legislativo, na elaboração das leis, pelo Judiciário, nos julgamentos e pela Administração Pública, que não pode atuar contra os indicativos da norma constitucional.

O autor ainda subdivide os dois primeiros grupos (poderes e direitos) em normas restringíveis e normas insuscetíveis de restrição, utilizando-se aqui da diferenciação proposta por Celso Bastos e Carlos Ayres de Britto. Ambas têm aplicabilidade imediata, mas as restringíveis podem ter o seu conteúdo comprimido posteriormente, enquanto as insuscetíveis de restrição não abrem espaço para que lei posterior venha a comprimir o direito. As mesmas normas, ressalva, podem ainda ser subdivididas entre aquelas que têm exatidão de conteúdo, e as que se valem de expressões elásticas, de significado fluído, impreciso, e por isso podem ser restringidas por lei posterior.

Trazendo a teoria para o art. 5º, incisos VI, VII e VIII, da Constituição Federal, vale ponderar o quanto segue. O inciso VI garante a proteção aos locais de culto e a suas liturgias, *na forma da lei*; o inciso VII assegura a prestação de assistência religiosa nas entidades civis e militares de internação coletiva, *nos termos da lei*, e o inciso VIII dispõe sobre a escusa de consciência, ressalvando aquele que invocar a sua crença para eximir-se de obrigação legal a todos imposta e recusar-se a cumprir prestação alternativa, *fixada em lei*. Apesar de a eficácia e a aplicabilidade dessas normas constitucionais não ser matéria pacífica entre os estudiosos, o presente trabalho se coaduna com o entendimento de que essas são normas constitucionais de aplicabilidade imediata e eficácia contida. Desse modo, tem-se que as normas são fortes, mas *podem vir a ser restringidas pelo legislador ordinário*. Nesse sentido José Afonso da Silva (2008, p. 105), comentando exatamente as normas constitucionais atinentes à liberdade religiosa:

> Nessa parte, a regra é plenamente eficaz e de aplicabilidade imediata, mas essa eficácia pode ser *contida* (*restringida*) em relação àquele que se eximir de obrigação legal imposta a todos e se recusar a cumprir prestação alternativa, *fixada em lei*. Se lei não houver, que fixe "prestação alternativa" a ser cumprida, mesmo ocorrendo a escusa, qualquer restrição ou sanção será inconstitucional, salvo a aplicação do disposto no art. 15, IV (perda dos direitos políticos do escusante), que revela uma daquelas normas constitucionais que servem de contenção à eficácia de outras (...).

Ao abordar o art. 143, § 1º, CF/88, o autor o classifica como norma de eficácia limitada, diversamente das normas do art. 5º. Ele assim o esclarece:

> Aqui, a norma não é de eficácia contida, mas de eficácia limitada, porque a competência prevista só se integrará com a definição legal de sua forma de exercício. Antes disso, a norma não tem aplicabilidade. Só o terá com a lei que definir a forma de exercício da competência. Sem a lei, as Forças Armadas não poderiam atribuir serviço alternativo ao escusante, e nem caberia sanção alguma, salvo a aplicação do art. 15, IV, já mencionado acima. (idem, p. 106).

Vale a pena transcrever o entendimento divergente de Norberto Bobbio[66], para quem o direito à liberdade religiosa não poderia ser restringido:

[66] Bobbio, Norberto. *Teoria do ordenamento jurídico*. 10 ed. Brasília: UnB, 1999, p. 54; *apud* Soriano (2002, p. 100)

Quando a lei constitucional atribui aos cidadãos, por exemplo, o direito à liberdade religiosa, limita o conteúdo normativo do legislador ordinário, isto é, lhe proíbe de estabelecer normas que tenham como conteúdo a restrição ou a supressão da liberdade religiosa.

O presente trabalho partilha do entendimento de que a liberdade religiosa, assim como todos os demais direitos fundamentais previstos no art. 5º da CF/88, é direito relativo, e não absoluto. Partindo da elementar premissa de que se vive em sociedade, e que esta deve ser pacífica, para a felicidade de todos, ousa-se dizer que na Constituição não há direitos absolutos, mas tão somente relativos, pois o direito de uma pessoa sempre encontrará barreiras no igual direito de outra. Sendo assim, mesmo quando se confere à liberdade religiosa a interpretação mais larga possível – dada a relevância desse direito fundamental, essencial à dignidade humana –, certo é que ela não é absoluta, já que se encontra entre tantos outros direitos, igualmente fundamentais, e que também devem receber a interpretação mais larga possível.

O art. 5º, § 1º, dispõe que "as normas definidoras dos direitos e garantias fundamentais têm aplicação imediata". Por meio deste dispositivo é possível aferir que as normas relativas à liberdade religiosa, constantes dos incisos VI, VII e VIII do art. 5º, têm aplicabilidade imediata, por serem definidoras de direitos fundamentais. Certo é, porém, que a despeito da expressa determinação do art. 5º, § 1º, essa circunstância já era notável, visto que tais normas são fortes, munidas de todos os elementos necessários à incidência sobre os fatos ou as condutas a que se destinam. Não se descura do fato de que as normas possam vir a ser restringidas, ulteriormente, pelo legislador ordinário, o que não lhes retira a possibilidade de aplicação imediata à situação a que se propõem.

José Afonso da Silva esclarece qual o real valor do disposto no§ 1º do art. 5º:

> Em primeiro lugar, significa que elas são aplicáveis até onde possam, até onde as instituições ofereçam condições para seu atendimento. Em segundo lugar, significa que o Poder Judiciário, sendo invocado a propósito de uma situação concreta nelas garantida, não pode deixar de aplicá-las,

conferindo ao interessado o direito reclamado, segundo as instituições existentes. (2009, p. 178)

O art. 19, inciso I, da CF, dispõe sobre a separação entre o poder estatal e a Igreja e institui o *princípio da laicidade*:

> Art. 19 É vedado à União, aos Estados, ao Distrito Federal e aos Municípios:
>
> I – estabelecer cultos religiosos ou igrejas, subvencioná-los, embaraçar-lhes o funcionamento ou manter com eles ou seus representantes relações de dependência ou aliança, ressalvada, na forma da lei, a colaboração de interesse público;
>
> (...)

Por esse dispositivo se caracteriza o Estado brasileiro como laico, que, portanto, não pode intervir na esfera religiosa, seja a que título for, ressalvada a parceria em atividades ou obras de interesse público, caso haja lei que o autorize. Pontes de Miranda[67] deu os contornos do que vem a ser cada um dos núcleos do dispositivo supracitado:

> *Estabelecer* cultos religiosos está em sentido amplo: criar religiões ou seitas, ou fazer igrejas ou quaisquer postos de prática religiosa, ou propaganda. *Subvencionar cultos religiosos* está no sentido de concorrer, com dinheiro ou outros bens da entidade estatal, para que se exerça a atividade religiosa. *Embaraçar o exercício* dos cultos religiosos significa vedar, ou dificultar, limitar ou restringir a prática, psíquica ou material, de atos religiosos ou manifestações de pensamento religioso.

Por este dispositivo, então, Estado brasileiro enquadra-se no sistema de separação, em que o poder estatal e o religioso exercem funções diferentes e inconfundíveis na sociedade, exceto quando lei autorizar eventual parceria de interesse público.

[67] Pontes de Miranda, Comentários à Constituição de 1967 com a Emenda n. 1 de 1969, t. II, p. 185, *apud* J. A. da Silva, 2004, p. 251.

Outro importante dispositivo constitucional relacionado à liberdade religiosa é o que institui a *imunidade tributária*[68]. Por meio desta norma, os entes políticos não podem instituir impostos sobre os *templos de qualquer culto*. Esta é uma limitação ao poder de tributar bastante controvertida entre os constitucionalistas. Seria ela uma forma de subvenção das confissões religiosas por parte do Estado e, assim, contraria o princípio da laicidade? Ou, ao contrário, seria uma forma de conferir maiores chances de sobrevivência a confissões minoritárias, o que acabaria por assegurar a liberdade religiosa?

A origem dessa imunidade está nos privilégios que a Igreja Católica detinha quando o Estado era confessional, mas vale notar uma grande diferença em relação aos dias atuais: a CF/88 não confere a benesse apenas à religião Católica, mas aos *templos de qualquer culto*, ou seja, a toda e qualquer confissão religiosa, majoritária ou minoritária, o que dá ao instituto uma conotação bem diversa da sua origem. Essa diferença – entre a origem da imunidade e a forma como ela existe hoje – fica ainda mais evidente quando se lê a alínea seguinte do dispositivo constitucional em análise, que confere imunidade tributária também às instituições de educação e de assistência social sem fins lucrativos. Essa circunstância confere maior legitimidade à imunidade das confissões religiosas porque torna a benesse mais genérica e abrangente, já que inclui todas as entidades que, de alguma forma, colaboram com o Estado. Essa ressalva – a generalidade da imunidade – é bem analisada por Jónatas Machado (1996, p. 372):

> No contexto de um Estado não confessional, dotado de importantes responsabilidades na conformação da vida econômica, social e cultural, não existem, à partida, razões que precludam o pagamento de impostos pelas confissões religiosas. Do ponto de vista constitucional não se pode falar da concessão de um *privilegium imunitatis* às confissões religiosas. (...)

[68] CF/88. Art. 150, VI, *b*: "Sem prejuízo de outras garantias asseguradas ao contribuinte, é vedado à União, aos Estados, ao Distrito Federal e aos Municípios: (...) VI – instituir impostos sobre: (...) b) templos de qualquer culto; c) patrimônio, renda ou serviços dos partidos políticos, inclusive suas fundações, das entidades sindicais dos trabalhadores, das instituições de educação e de assistência social, sem fins lucrativos, atendidos os requisitos da lei; (...)"

> No entanto, a doutrina sublinha ainda a necessidade de construir as isenções fiscais em causa num nível de generalidade suficientemente elevado para abarcar uma classe de instituições sociais suficientemente ampla, de forma a reduzir o risco de favoritismos dentro da categoria das confissões religiosas ou da das pessoas colectivas em geral.

Assim, o fato de as confissões religiosas, tais como as associações sociais sem fins lucrativos, não serem agentes econômicos, seria o ponto crucial a legitimar a imunidade tributária recebida pela CF/88, e não qualquer justificativa que remontasse aos privilégios da Igreja de outrora.

A abrangência desse dispositivo nem de longe é pacífica, e novas questões surgem a cada dia, tais como: "a residência do padre também é imune?", "os anexos do templo são imunes?", "e o convento?". Os entendimentos não são pacíficos na doutrina, e alguns dão interpretação abrangente e outros, restritiva, à imunidade. Para José Afonso da Silva (2009, p. 656) "*templos* são os edifícios onde se realizam os cultos e sua liturgia, e toda edificação vinculada a isso estará imune de impostos, inclusive os conventos e até a casa do sacerdote ou ministro, seja de que religião for, contígua ao templo; se não houver essa contiguidade vinculativa, a imunidade não se estende".

O dispositivo institui a imunidade aos templos em relação aos *impostos*, sendo certo que estes constituem apenas uma categoria de tributos. Geraldo Ataliba (2001, p. 138) conceitua essa modalidade de tributo da seguinte forma: "Define-se, assim, o imposto como tributo não vinculado, ou seja, tributo cuja hipótese de incidência consiste na conceituação legal dum fato (art. 16 do CTN); um fato da esfera jurídica do contribuinte. Esse fato é indicativo de capacidade contributiva de alguém que será, precisamente, posto na posição de sujeito passivo." Exemplificativamente, a propriedade de imóvel é indicativo de capacidade contributiva e, assim, o proprietário será colocado como devedor do IPTU – Imposto sobre a Propriedade Predial e Territorial Urbana, cuja competência para cobrança é dos Municípios. Cotejando-se isso ao fato de que o art. 150, VI, *b*, da CF/88 exclui os templos de qualquer culto da possibilidade de cobrança de *impostos*, a propriedade de imóveis urbanos desses entes não será indicativo de capacidade contributiva, não ensejando a cobrança do imposto respectivo, a fim de que a liberdade religiosa não reste tolhida pela sanha fiscal do Estado.

A jurisprudência do Supremo Tribunal Federal tem dado ao dispositivo interpretação alargada, e não tão literal, incluindo-se o cemitério, como extensão da entidade religiosa, e os imóveis da entidade religiosa que se encontrem alugados, como se nota nos julgados a seguir:

> RECURSO EXTRAORDINÁRIO. CONSTITUCIONAL. IMUNIDADE TRIBUTÁRIA. IPTU. ARTIGO 150, VI, "B", CB/88. CEMITÉRIO. EXTENSÃO DE ENTIDADE DE CUNHO RELIGIOSO. 1. Os cemitérios que consubstanciam extensões de entidades de cunho religioso estão abrangidos pela garantia contemplada no artigo 150 da Constituição do Brasil. Impossibilidade da incidência de IPTU em relação a eles. 2. A imunidade aos tributos de que gozam os templos de qualquer culto é projetada a partir da interpretação da totalidade que o texto da Constituição é, sobretudo do disposto nos artigos 5º, VI, 19, I e 150, VI, "b". 3. As áreas da incidência e da imunidade tributária são antípodas. Recurso extraordinário provido. (RE 578562, Relator(a): Min. EROS GRAU, Tribunal Pleno, julgado em 21/05/2008, DJe-172 DIVULG 11-09-2008 PUBLIC 12-09-2008 EMENT VOL-02332-05 PP-01070 LEXSTF v. 30, n. 358, 2008, p. 334-340)

> Recurso extraordinário. 2. Imunidade tributária de templos de qualquer culto. Vedação de instituição de impostos sobre o patrimônio, renda e serviços relacionados com as finalidades essenciais das entidades. Artigo 150, VI, "b" e § 4º, da Constituição. 3. Instituição religiosa. IPTU sobre imóveis de sua propriedade que se encontram alugados. 4. A imunidade prevista no art. 150, VI, "b", CF, deve abranger não somente os prédios destinados ao culto, mas, também, o patrimônio, a renda e os serviços "relacionados com as finalidades essenciais das entidades nelas mencionadas". 5. O § 4º do dispositivo constitucional serve de vetor interpretativo das alíneas "b" e "c" do inciso VI do art. 150 da Constituição Federal. Equiparação entre as hipóteses das alíneas referidas. 6. Recurso extraordinário provido. (RE 325822, Relator(a): Min. ILMAR GALVÃO, Relator(a) p/ Acórdão: Min. GILMAR MENDES, Tribunal Pleno, julgado em 18/12/2002, DJ 14-05-2004 PP-00033 EMENT VOL-02151-02 PP-00246).

Assim, de acordo com a jurisprudência do Supremo Tribunal Federal, desde que o imposto seja sobre o patrimônio, a renda ou os serviços *afetos à finalidade essencial da entidade religiosa*, haverá imunidade. Esse entendimento acaba por tornar a tipificação mais aberta e sujeita a análises casuísticas e a mudanças com o passar dos tempos e a depender do julgador.

O art. 210, § 1º, da CF/88 trata do ensino religioso em escolas públicas: "O ensino religioso, de matrícula facultativa, constituirá disciplina dos horários normais das escolas públicas de ensino fundamental". Com isso, a Constituição Federal deixa claro que a matrícula na matéria religiosa não é um dever do aluno, mas um direito. Caso contrário, a liberdade religiosa, um direito fundamental, estaria gravemente contrariada. O ensino religioso deve ser de tal modo instituído nas escolas públicas que não se ofenda a liberdade religiosa de cada um. Além da liberdade religiosa da pessoa, a própria laicidade, ou seja, a separação entre a Igreja e o Estado estaria ameaçada caso a entidade de ensino pública abraçasse uma religião em especial em prejuízo das outras.

Vale lembrar que o art. 19, inciso I, da CF/88 veda aos entes políticos o estabelecimento ou a subvenção de cultos religiosos e Igrejas, bem como a manutenção de aliança para com elas. Assim, o ensino religioso deve ser visto resguardando-se a laicidade do Estado e a liberdade religiosa das pessoas. Com isso, se diz que o ensino religioso é um direito do cidadão e um dever para o Estado.

A autora Anna Cândida da Cunha Ferraz[69] entende que, para a garantia da liberdade religiosa, o aluno pode optar pelo ensino a qualquer tempo, modificar a opção, desistir de frequentar as aulas, mudar religião etc., sem que seja submetido a nenhum tipo de constrangimento, tal como verificação de presença, aferição de resultados, reprovação etc. Isso tudo de forma a não se desrespeitar a neutralidade do Estado em face da diversidade religiosa.

Maria Garcia (2009, p. 247) pronuncia-se sobre o tema diferenciando *ensino* de *educação*, atentando-se para o fato de que consta do dispositivo em análise o termo "ensino religioso". Para a autora, a educação

[69] Anna Candida da Cunha Ferraz. *Ensino religioso nas escolas públicas, in*: Cadernos de direito constitucional e ciência política, vol. 5, n. 20, p. 38, *apud* SORIANO, 2002, p. 102.

religiosa deveria ficar adstrita ao âmbito familiar e da igreja, enquanto o ensino religioso poderia ser ministrado nas escolas, por professores que não tenham nenhum compromisso religioso. Partindo da premissa de que o Brasil é um Estado laico, assim ela o anota:

> Determinou-se, de início, a distinção necessária entre *educação* e *ensino* – aquela, o processo de desenvolvimento da capacidade física, intelectual e moral da criança e do ser humano em geral, objetivando a sua integração individual e social; em outras palavras, o aperfeiçoamento integral de todas as faculdades humanas. O *ensino* refere-se, por sua vez, à profissão de ensinar: a transmissão de conhecimentos, informações ou esclarecimentos úteis ou indispensáveis à educação. Nisto reside toda a diferença: o §1º do artigo 210 faz referência ao *ensino religioso*, à gama de informações ou esclarecimentos relativamente às religiões existentes, com a finalidade de instruir sobre o pluralismo religioso e o respeito à diversidade com o que, esclarecendo-se a respeito, veda-se a discriminação contrária à igualdade de situações. Daí que o *ensino público das religiões* exigiria, conforme exposto, a informação dos seus documentos básicos, exemplificativamente, a *Bíblia*, o *Corão*, a *Torá*; aportes do Budismo e Xintoísmo e outras, professadas significativamente no País, por intermédio de professores que não tenham qualquer compromisso religioso, a não ser na sua vida privada. A *educação*, porém, "direito de todos e dever do Estado e da família, visando ao pleno desenvolvimento da pessoa" (art. 205), abrange um universo mais amplo da *formação* e, até, da *transformação* da personalidade humana: nela, a *educação religiosa*, dada a laicidade do Estado, permanece no âmbito da família e, por definição, da igreja.

A religião, conclui, é parte da vida privada, constitucionalmente protegida como inviolável (art. 5º, X), de forma que a educação religiosa deve ficar adstrita aos âmbitos de convivência privada, familiar, enquanto que o ensino religioso, com informações sobre as religiões, de forma igual e sem preferências entre os cultos religiosos, pode ser ministrado nas escolas públicas de ensino fundamental, sempre se respeitando a liberdade religiosa e a vida privada.

O mesmo não se poderia dizer em relação às escolas privadas, que gozam de maior autonomia. Isso porque ela não á parte do ente estatal e, assim, se adotar e ostentar uma religião em especial, em nada agride a laicidade do Estado. Ademais, o aluno, ao procurá-la, sabe de antemão que essa é a filosofia adotada, sendo livre para não se matricular e procurar outra entidade. Entretanto, parece razoável que esse direito não seja exercido com abusos, pois cada indivíduo tem o direito fundamental da liberdade de consciência e de crença, esteja onde estiver no País. Jónatas Machado (1996, p. 380) não diverge em seu entendimento:

> Do ponto de vista jurídico normativo, não existe hoje lugar para qualquer forma de coacção ou discriminação no ensino religioso nas escolas públicas. Este deve ser estruturado de acordo com um princípio de facultatividade pura e alargado a todas as confissões religiosas. Além disso, ele deve ser colocado, tanto quanto possível, na dependência da iniciativa dos encarregados de educação, dos estudantes e das confissões religiosas, em vez de ser estruturado, administrado e financiado pelo Estado e integrado no currículo escolar. À luz do direito constitucional vigente, não existe lugar para as ideias de *coordenação* ou de *parceria espiritual* entre o Estado e as confissões religiosas, não se percebendo a corresponsabilização financeira do Estado na realização de uma finalidade estritamente religiosa como é o ensino de uma doutrina confessional.

Importante notar que o art. 213, *caput*, da CF/88 dispõe que os recursos públicos serão destinados às escolas públicas, podendo ser dirigidos a escolas confessionais, definidas em lei[70]. A Lei de Diretrizes e Bases da Educação Nacional exige ainda que sejam prestadas contas ao Poder Público do recurso recebido. Escola confessional é aquela atrelada a uma religião específica. Vale lembrar que o art. 19, inciso I, da CF/88, que deixa inequívoca a laicidade do País, ressalva a possibilidade de subvenção que seja de interesse público, na forma da lei. Assim, "no dispositivo em comentário admite-se uma forma de subvenção à escola mantida por alguma religião ou igreja" (SILVA, 2009, p. 802).

[70] CF/88. Art. 153. Os recursos públicos serão destinados às escolas públicas, podendo ser dirigidos a escolas comunitárias, confessionais ou filantrópicas, definidas em lei, que: I – comprovem finalidade não lucrativa e apliquem seus excedentes financeiros em educação; II – assegurem a destinação de seu patrimônio a outra escola comunitária, filantrópica ou confessional, ou ao Poder Público, no caso de encerramento de suas atividades.

A propósito, e na trilha do pensamento de Jánatas Machado acima transcrito, de que o Estado não pode se responsabilizar financeiramente pelo ensino de uma religião em especial, é o caso McCollum *vs.* Board of Education Dist. 71, julgado pela Suprema Corte Norte-Americana em março de 1948. Segue resumo dos fatos: em 1940, membros da religião Judaica, Católica e Protestante formaram uma associação que oferecia aulas voluntárias de instrução religiosa aos alunos de escolas públicas. As aulas aconteciam em salas de aulas regulares da escola pública. Os alunos que não atendiam à aula de instrução religiosa eram encaminhados a outras salas de aula para aulas de assuntos não religiosos. A questão que foi levada à Suprema Corte foi a seguinte: "o uso do sistema escolar público viola a denominada *Establishment clause* contida na Primeira Emenda, ou seja, viola a proibição ao Estado de estabelecer uma religião oficial ou de dar preferência a uma dada religião?" A Suprema Corte decidiu que sim, sustentando que o uso de propriedade sustentada por impostos para instrução religiosa e a íntima cooperação entre as autoridades escolares e a associação religiosa violavam a *Establishment clause.* Para a Suprema Corte, era dever legal dos alunos irem à escola e esse dever acabava por ser parcialmente liberado se eles fossem às aulas de ensino religioso. Assim, a Corte entendeu que isso era "beyond question a utilization of the tax-established and tax-supported public school system to aid religious groups and to spread the faith." Ou seja, entendeu a Suprema Corte que o ensino religioso, mesmo facultativo, nas dependências da escola pública, significava certamente uma utilização de sistema escolar estabelecido e mantido pelos impostos para ajudar grupos religiosos e espalhar a fé, o que significa por si só o desrespeito à proibição de aliança entre a Igreja e o Estado.

O art. 215, § 2º, da CF/88, atribui à lei a disposição sobre a fixação de datas comemorativas de alta significação para os diferentes *segmentos étnicos* nacionais. Segmento étnico, ou *etnia*, segundo definição constante do Dicionário Houaiss da Língua Portuguesa[71], é o "grupo de indivíduos com língua, *religião* e maneiras de agir comuns". Com isso, pode-se sustentar que a Constituição autoriza a estipulação de feria-

[71] Minidicionário Houaiss da Língua Portuguesa, 3ª edição rev. e aum., Rio de Janeiro: Objetiva, 2008.

dos com base na crença religiosa de grupos étnicos existentes no País, sempre por meio de lei.

Não se pode negar que o Brasil é, ainda hoje, um país predominantemente católico, o que se justifica pela sua história, longamente sedimentada como a de um país católico. De colonização católica, o Brasil manteve essa condição ao longo dos séculos, eclodindo na Constituição de 1824, que elegia essa a religião oficial do Império. Esse fato histórico acabou por lançar as suas raízes aos dias atuais, sendo inegável que a religião católica é a mais popular e cultuada no País. Pode-se dizer, inclusive, que ela se enraizou de tal maneira nos hábitos e no modo de pensar dos brasileiros que ela se mistura com a própria cultura popular: arquitetura, pintura, crendices e artes em geral. O que se questiona é se essa circunstância seria justificativa suficiente para explicar grande preferência por feriados nacionais com referência à religião católica, em detrimento das demais religiões existentes e cultuadas no País.

Questiona-se: em que medida essa distinção em relação à Igreja Católica é permitida pela Constituição Federal? A lei que estipula feriado com base em santos católicos pode ser considerada constitucional, diante da liberdade religiosa de cada pessoa, e da necessária separação e neutralidade do Estado em relação à Igreja? De acordo com o art. 5º, inciso VI e o art. 19, inciso I, cada pessoa tem direito ao exercício da sua fé religiosa, sendo que esse direito é o mesmo em se tratando de uma pessoa católica ou de uma pessoa seguidora do candomblé, por exemplo. Da mesma forma, o Estado é laico, de modo que a estipulação de feriados por meio de lei deveria seguir esse princípio fundamental. De fato, a longevidade do catolicismo no Brasil e o seu enraizamento na cultura dos brasileiros, são suficientes a justificar a grande massa de feriados com referências católicas, e nenhum com referência às demais religiões?

A resposta que Jónatas E. M. Machado dá é negativa. O autor, ao comentar sobre o ensino religioso nas escolas públicas, afirma que a maioria católica não pode pretender induzir a minoria pertencente às outras religiões ou a religião nenhuma. Faz entender, por fim, que a norma constitucional sobre o ensino religioso nas escolas públicas seria apenas "um esforço para tentar conservar, tanto quanto possível, alguns vestígios do sistema tradicional de ensino religioso nas escolas públicas do que como uma tentativa séria de adequação aos novos dados constitucionais" (1996, p. 381). Afirma o autor:

> É que do direito à liberdade religiosa constitucionalmente consagrado não se pode deduzir qualquer faculdade, por parte da maioria, de instrumentalizar o aparelho estadual para avançar, de forma coactiva e discriminatória, as suas particulares concepções confessionais.

Assim, apesar de se justificarem pela história do País, não se pode negar que as leis brasileiras que estipulam os feriados com base no catolicismo têm questionável constitucionalidade, visto que em última análise sinalizam a preferência do Estado por uma dada religião em detrimento de todas as demais, situação vedada pelo princípio da laicidade e que maltrata a liberdade religiosa.

Grande polêmica reside também na definição do dia de descanso religioso. Sabe-se que a maioria dos cristãos descansa no domingo, enquanto que outros cristãos e os judeus o fazem no sábado, e os muçulmanos têm as sextas-feiras como dia santo. Juridicamente, todas as crenças religiosas são igualmente protegidas pela Constituição Federal. É bastante comum que crentes de religiões minoritárias, cujo descanso é no sábado ou na sexta, busquem o Judiciário para que o exercício de seu culto não reste prejudicado.

O tema consta da Declaração da ONU sobre a Eliminação de Todas as Formas de Intolerância e Discriminação Fundadas na Religião ou nas Convicções, de 1981, cujo art. 6º, 'h', assim o dispõe: "O direito à liberdade de pensamento, de consciência, de religião ou de convicções compreenderá especialmente as seguintes liberdades: (...) h) A de observar dias de descanso e de comemorar festividades e cerimônias de acordo com os preceitos de uma religião ou convicção (...)". O Pacto Internacional sobre os Direitos Civis e Políticos de 1966, no art. 18, 1, assim o dispõe: "Toda e qualquer pessoa tem direito à liberdade de pensamento, de consciência e de religião; este direito implica a liberdade de ter ou de adotar uma religião ou uma convicção da sua escolha, bem como a liberdade de manifestar a sua religião ou a sua convicção, individualmente ou conjuntamente com outros, tanto em público como em privado, pelo culto, cumprimento dos ritos, as práticas e o ensino".

A CF/88 não se refere expressamente ao direito de a pessoa seguir o dia de descanso adequado à sua religião. No entanto esse direito pode ser extraído da interpretação do art. 5º, inciso VI (liberdade de crença) juntamente com o inciso VIII (escusa de consciência). Esse último em especial, quando estipula que "ninguém será privado de direitos por motivo de crença religiosa ou de convicção filosófica", é bastante adequado ao caso. De acordo com essa interpretação das normas constitucionais, o crente teria o direito de descansar consoante o determina a sua religião, e não o seu empregador. Tamanha a polêmica envolvendo o tema, que em Portugal foi editada recente lei garantindo o direito ao descanso de acordo com a fé religiosa, apesar de a Constituição portuguesa de 1976 não tê-lo feito expressamente[72]. Essa é a lei nº 16/2001, denominada "Lei da Liberdade Religiosa." Essa lei resolve a questão em favor da liberdade religiosa, estipulando que a data de descanso do fiel será aquela em conformidade com a sua confissão religiosa, observados alguns requisitos. Inclusive as provas poderão ser aplicadas em datas especiais de acordo com a respectiva religião.

Nos Estados Unidos da América a questão do descanso religioso é igualmente polêmico. Sabe-se que este país não segue o sistema da *civil law*, vigente no Brasil e em Portugal, em que existe um vasto catálogo de leis a reger a sociedade e os julgamentos dos Juízes, mas o da *common*

[72] Lei nº 16/2001. Art. 14º. Dispensa do trabalho, de aulas e de provas por motivo religioso. 1 – Os funcionários e agentes do Estado e demais entidades públicas, bem como os trabalhadores em regime de contrato de trabalho, têm o direito de, a seu pedido, suspender o trabalho no dia de descanso semanal, nos dias de festividade e nos períodos horários que lhes sejam prescritos pela confissão que professam, nas seguintes condições: a) Trabalharem em regime de flexibilidade de horário; b) Serem membros de igreja ou comunidade religiosa inscrita que enviou no ano anterior ao membro do Governo competente em razão da matéria a indicação de referidos dias e períodos horários no ano em curso; c) Haver compensação integral do respectivo período de trabalho. 2 – Nas condições previstas na alínea b) do número anterior, são dispensados da frequência das aulas nos dias de semana consagrados ao repouso e culto pelas respectivas confissões religiosas os alunos do ensino público ou privado que as professam, ressalvadas as condições de normal aproveitamento escolar. 3 – Se a data de prestação de provas de avaliação dos alunos coincidir com o dia dedicado ao repouso ou ao culto pelas respectivas confissões religiosas, poderão essas provas ser prestadas em segunda chamada, ou em nova chamada, em dia em que se não levante a mesma objeção. *Apud* Soriano, 2009, p. 191.

law, advindo da Inglaterra, em que os julgados são a própria base legal da nação. Diz-se isso por causa do efeito denominado *stare decisis*, ou seja, "stare decisis et non quieta movere", que significa a capacidade de as decisões das Cortes tornarem-se leis *erga omnes*, sendo que os julgamentos futuros devem aderir a decisões anteriores e não mudar o que está pacificado. É a política que requer que as Cortes subordinadas à Suprema Corte que estabeleceu o precedente sigam-no e que não perturbam um ponto estabelecido. Assim, pelo *stare decisis*, quando a questão for decidida pela Suprema Corte ela passará a ser, dali em diante, vinculante para todos os órgãos judiciários, de modo que o julgamento acaba tendo eficácia *erga omnes*, e não se limita a trazer consigo puro e simples efeito da não aplicação da lei a um caso concreto com possibilidade de a lei ser novamente aplicada em outros casos, por outros juízes. Há, assim, verdadeira eliminação da lei final e definitiva – após o julgamento pela Suprema Corte – com efeito, em geral retroativo. Torna-se uma "dead law", uma lei morta.

Diante disso, interessante a análise de dois julgados da Suprema Corte norte-americana, agora sobre o descanso semanal de acordo com a religião da pessoa. O primeiro é o caso Braunfeld vs. Brown, julgado em maio de 1961. O apelante era proprietário de um comércio na Pensilvânia. Como era judeu ortodoxo, ele era proibido pela sua fé de trabalhar aos sábados. No entanto, havia uma lei da Pensilvânia que permitia apenas algumas lojas a abrirem aos domingos, sendo que a loja de Braunfeld não era uma delas. Ele precisava abrir a sua loja aos domingos, pois precisava trabalhar seis vezes por semana por motivos financeiros. Assim, recorreu à Justiça por entender que a lei da Pensilvânia não respeitava a *Establishment clause*, ou seja, o dever de laicidade estatal e a liberdade religiosa. Numa decisão de seis votos contra três, a Suprema Corte entendeu que a lei da Pensilvânia não feria a Constituição. Entendeu-se que a liberdade para agir de acordo com a crença religiosa não era totalmente livre de restrições por parte do Governo. A Corte entendeu que a lei que determinava o fechamento aos domingos tinha base secular e não prejudicou nenhuma prática religiosa. A lei da Pensilvânia seria válida, apesar de afetar indiretamente a observância religiosa, pois o Estado cumpriu seu objetivo secular de providenciar um uniforme dia de descanso para todos.

Como se vê, nesse caso, a Suprema Corte entendeu que a lei que estabelecia o descanso aos domingos não feria a laicidade ou a liberdade religiosa, já que era uma lei uniforme a todos, e com bases seculares. No entanto, a Suprema Corte decidiu diversamente no caso Sherbert *vs* Verner, julgado em junho de 1963. Nesse, Adeil Sherbert, membro da Igreja Adventista do Sétimo Dia, foi demitida de seu emprego depois de se recusar a trabalhar no sábado, o dia sagrado de sua fé. A comissão de seguro desemprego da Carolina do Sul negou-lhe os benefícios, entendendo ser inaceitável sua justificativa religiosa para recusar o trabalho aos sábados. A Suprema Corte entendeu que a negativa do benefício do seguro desemprego violava a laicidade estatal e a Constituição Federal, e restringia a liberdade religiosa da recorrente. Ademais, não havia nenhum interesse estatal convincente que justificasse uma restrição tão significativa num direito constante da Primeira Emenda. Nesse julgado a corte decidiu de forma oposta ao caso anterior, e aqui sim em favor da laicidade do Estado e da liberdade religiosa.[73]

No Brasil, os Tribunais não têm julgado a questão de forma uniforme. Por se tratar de um País bastante heterogêneo, essa variedade se reflete no entendimento dos Tribunais. A jurisprudência maciça é referente às ações ajuizadas por seguidores da Igreja Adventista do Sétimo Dia, em que o sábado é sagrado[74], geralmente pleiteando alteração da data da realização de prova de concurso público que porventura recaia no sábado. Seguem abaixo alguns exemplos, do Tribunal Regional Federal da 1ª região até a 5ª região, e por fim do Superior Tribunal de Justiça,

[73] Jónatas Machado, sobre o crescente respeito à liberdade religiosa nos EUA, ensina que "Um impulso decisivo neste sentido foi dado pela emenda de 1972 ao Civil Rights Act de 1964, um ambicioso programa legislativo de proteção das minorias, através do qual o Congresso determinava a ilegalidade de qualquer tratamento discriminatório do trabalhador, fundado, designadamente, em motivos de ordem religiosa. Desde então, a entidade empregadora considera-se legalmente vinculada a uma *acomodação razoável* (*reasonable accomodation*) da religião do trabalhador, actual ou prospectivo, na medida ponderada em que isso não implique para ela um *encargo indevido* (*undue hardship*)" (1996, p. 266).

[74] Os Adventistas do Sétimo Dia são cristãos que acreditam que a segunda vinda de Jesus Cristo à Terra está iminente. Para eles, o sábado é o dia que deve ser guardado, conforme definição de *The Oxford Dictionary of World Religions*.

que são paradigmáticos sobre o modo de se entender o tema em cada uma das regiões.

> MANDADO DE SEGURANÇA. CONCURSO PÚBLICO. LIBERDADE DE CRENÇA RELIGIOSA. INCISOS VI E VIII DO ARTIGO 5º DA CF/88. ADVENTISTAS DO 7º DIA. MEDIDA LIMINAR DEFERIDA PARA ASSEGURAR A REALIZAÇÃO DA PROVA EM HORÁRIO ESPECIAL. SEGURANÇA CONCEDIDA. I – Candidato/impetrante membro da Igreja Adventista do 7º dia, que tem como um de seus pilares a guarda do sábado, restando ferido seu direito constitucional de liberdade de consciência religiosa, previsto nos incisos VI e VIII do art. 5º da CF, se imposta a realização da prova nesse dia. II – Não afeta direito de terceiro ou o interesse público, permitir a realização de prova de concurso público no dia seguinte àquele que, por imposição de fé religiosa, não pode participar de atividades civis, profanas, no dia do sábado. III – Mandado de Segurança concedido, confirmando a medida liminar anteriormente deferida.
>
> (MS 200701000431484, DESEMBARGADOR FEDERAL JIRAIR ARAM MEGUERIAN, TRF1 – CORTE ESPECIAL, 05/05/2008)

No julgado acima, proveniente do Tribunal Regional Federal da 1ª região, a liberdade religiosa preponderou, de forma que o impetrante, fiel da Igreja Adventista do Sétimo Dia, pode realizar a prova do concurso público em outro dia, resguardando o sábado, que para ele seria sagrado. Mas esse entendimento não é o que prepondera no Tribunal Regional Federal da 2ª região, como se nota no julgado abaixo, em que a liberdade religiosa sucumbiu diante do princípio da isonomia.

> AGRAVO DE INSTRUMENTO. ADMINISTRATIVO. CONCURSO PÚBLICO. BNDES. MODIFICAÇÃO DE HORÁRIO DAS PROVAS. LIBERDADE DE CRENÇA RELIGIOSA. PRINCÍPIO DA ISONOMIA 1 – O BNDES interpôs agravo de instrumento contra decisão do juízo de primeira instância que, em sede de mandado de segurança, viabilizou a possibilidade de horário diferenciado à Impetrante, para que se submeta às provas de concurso público realizado pelo Banco, ora agravante. Na origem, o fundamento do pedido da Impetrante reside na garantia constitucional de liberdade de crença religiosa, posto que, em razão da doutrina por ela reverenciada, estaria impedida de praticar atividades antes do pôr do sol

do dia de sábado. 2 – Não resta dúvida que a análise da questão em epígrafe revela uma situação paradoxal, em que a incidência de um dos postulados enseja, inequivocamente, o afastamento do outro. A convivência de ambas as normas mostra-se de difícil pacificação. Entrementes, é de se observar que a incidência direta da garantia prevista no art. 5º, VI e VIII, na espécie, atinge direta e frontalmente o tratamento isonômico entre os candidatos ao emprego público em foco, porque a viabilização de um outro momento para a aplicação das provas, em benefício de apenas uma única pessoa, requer mudanças das regras do edital, já publicadas e anteriormente definidas. Por outro lado, a prevalência do princípio da isonomia, no presente caso, apenas poderia atingir indiretamente a garantia constitucional da liberdade de crença, porquanto, se porventura houver qualquer privação de direitos, isso não se dará, certamente, em razão de crença religiosa ou qualquer outro tipo de convicção filosófica ou política. Assim, o indeferimento do pedido de realização das provas em horário diferenciado se impõe. 3 – Agravo conhecido e provido. Decisão reformada.

(AG 200802010102377, Desembargador Federal THEOPHILO MIGUEL, TRF2 – SÉTIMA TURMA ESPECIALIZADA, 28/07/2008)

No julgado a seguir, do Tribunal Regional Federal da 3ª região, o impetrante, também membro da Igreja Adventista do Sétimo Dia, pode realizar a prova em outro dia que não no sábado, mas porque o edital previa a possibilidade de escolha entre o sábado e o domingo. Entendeu a Corte que a liberdade religiosa não é absoluta, mas, como qualquer outro direito fundamental, deve ser interpretada de acordo com o princípio da máxima efetividade. Entendeu-se, ao contrário do julgado da 2ª região, que o princípio da isonomia não se aplica ao caso, já que o próprio edital previu a aplicação da prova no sábado ou no domingo.

CONSTITUCIONAL. ADMINISTRATIVO. CONCURSO PÚBLICO. IMPETRANTE MEMBRO DA IGREJA ADVENTISTA DO SÉTIMO DIA. PROVA DE DIGITAÇÃO PREVISTA NO EDITAL PARA SER REALIZADA EM DOIS DIAS, SÁBADO OU DOMINGO. POSSIBILIDADE DE ESCOLHA, PELA AUTORIDADE IMPETRADA, DE DATA QUE NÃO IMPORTE OFENSA À LIBERDADE RELIGIOSA. INTERPRETAÇÃO DO CASO À LUZ DO PRINCÍPIO DA MÁXIMA EFETIVIDADE EM MATÉRIA DE DIREITOS FUNDAMENTAIS. 1. A realização de prova em concurso público, por força da liminar concedida, não exaure o objeto do mandado de segurança. Sendo possível que a autoridade impetrada persista na prática do ato aqui discutido ou invalide os atos subsequentes do concurso, subsiste o interesse processual da impetrante quanto ao julgamento de mérito. 2. Incidência da regra do art. 515, § 3º, do Código de Processo Civil. 3. A liberdade religiosa e o direito de não ser privado de direitos por motivos religiosos (art. 5º, VI e VIII, da CF 88), como quaisquer direitos fundamentais, não são absolutos. Aplica-se a eles, no entanto, o princípio da máxima efetividade em matéria de hermenêutica constitucional, que impõe um resultado de interpretação que dê a esses direitos maior eficácia possível. 4. Alegações de desrespeito à isonomia e à impessoalidade administrativa, assim como à vinculação ao edital, que não se aplicam ao caso, já que o próprio edital previu a realização da prova em dias distintos e que vários outros candidatos se submeteram à prova no domingo. 5. Permitido ao administrador público que designasse, de forma indiferente, um ou outro dia para realização da prova da impetrante, a interpretação que melhor se afeiçoa à máxima efetividade da liberdade religiosa seria aplicá-la no domingo, juntamente com os diversos outros candidatos ao mesmo certame, sem desrespeitar os valores constitucionais e legais próprios do concurso público e mesmo sem maiores contratempos administrativos. 6. Apelação a que se dá provimento.

(AMS 200261000000265, JUIZ RENATO BARTH, TRF3 - TERCEIRA TURMA, 22/02/2006).

Nos dois julgados a seguir, provenientes do TRF4 e TRF5, respectivamente, fica clara a preponderância da liberdade religiosa, já que os impetrantes tiveram reconhecido o direito de prestarem a prova em dia diverso do sábado.

ADMINISTRATIVO. MANDADO DE SEGURANÇA. REMESSA OFICIAL. DIREITO DE PRESTAR PROVA FISICA DE CONCURSO EM DIA DIVERSO DO DETERMINADO. LIBERDADE DE CRENÇA RELIGIOSA. 1. TRATANDO-SE DE PROVA FISICA, SEM NECESSIDADE DE SIGILO OU SIMULTANEIDADE, NÃO HA PREJUIZO AO INTERESSE PUBLICO, NEM AO PROCEDIMENTO DO CONCURSO, SE POR FORÇA DE LIMINAR A IMPETRANTE REALIZOU A PROVA EM MOMENTO NÃO CONFLITANTE COM SUA CRENÇA RELIGIOSA,

POR PERTENCER A IGREJA ADVENTISTA DO SETIMO DIA, QUE TEM O SABADO COMO DIA DE GUARDA. 2. RESGUARDO DO PRINCIPIO CONSTITUCIONAL QUE ASSEGURA A LIBERDADE DE CRENÇA E DE CONSCIENCIA, BEM COMO AQUELES QUE REGEM A ADMINISTRAÇÃO QUANDO SE TRATA DE CONCURSO PUBLICO. 3. REMESSA OFICIAL IMPROVIDA.

(REO 9504092560, SILVIA MARIA GONÇALVES GORAIEB, TRF4 – QUARTA TURMA, 24/01/1996)

REMESSA OFICIAL EM MANDADO DE SEGURANÇA. CONSTITUCIONAL. LIBERDADE DE CRENÇA RELIGIOSA. ART. 5º, INCISOS VI E VIII DA CONSTITUIÇÃO FEDERAL DE 1988. DISCENTES ADVENTISTAS DO SÉTIMO DIA. LIMINAR CONCEDIDA. 1. Trata-se de remessa oficial contra sentença, que concedeu a segurança pleiteada palas autoras, Cristina Nascimento dos Santos e Vânia Santos Andrade da Silva, para que sejam realizados em horário distinto ao sábado bíblico, os encontros presenciais semanais do Curso de Ciências Naturais, modalidade "curso a distância", da UNIT, por serem as recorrentes da Igreja Adventista do Sétimo Dia, que determina, em seu quarto mandamento, a guarda do sábado para atividades ligadas à Biblia, exclusivamente. 2. Verifica-se no caso que o Juiz a quo, concedeu a liminar para que as impetrantes participem das atividades presenciais do curso e das provas em horário especial, distinto do sábado que é guardado pelos Adventistas do Sétimo Dia, com fundamento na garantia a liberdade e crença religiosa, preceituada no art. 5º, da CF/88, nos seus incisos VI e VIII. 3. Remessa Oficial Improvida.

(REO 200685000038228, Desembargador Federal Francisco Barros Dias, TRF5 – Segunda Turma, 10/09/2009)

No Superior Tribunal de Justiça a questão parece se resolver de forma a dar preponderância ao princípio da isonomia, em prejuízo da liberdade religiosa e da guarda do sábado pelo membro da Igreja Adventista, como se vê nos dois julgados a seguir:

RECURSO ORDINÁRIO – MANDADO DE SEGURANÇA – CONCURSO PÚBLICO – PROVAS DISCURSIVAS DESIGNADAS PARA O DIA DE SÁBADO – CANDIDATO MEMBRO DA IGREJA ADVENTISTA DO SÉTIMO DIA – PEDIDO ADMINISTRATIVO PARA ALTERAÇÃO

DA DATA DA PROVA INDEFERIDO – INEXISTÊNCIA DE ILEGALIDADE – NÃO VIOLAÇÃO DO ART. 5º, VI E VII, CR/88 – ISONOMIA E VINCULAÇÃO AO EDITAL – RECURSO DESPROVIDO.

1. O concurso público subordina-se aos princípios da legalidade, da vinculação ao instrumento convocatório e da isonomia, de modo que todo e qualquer tratamento diferenciado entre os candidatos tem que ter expressa autorização em lei ou no edital.

2. O indeferimento do pedido de realização das provas discursivas, fora da data e horário previamente designados, não contraria o disposto nos incisos VI e VIII, do art. 5º, da CR/88, pois a Administração não pode criar, depois de publicado o edital, critérios de avaliação discriminada, seja de favoritismo ou de perseguição, entre os candidatos.

3. Recurso não provido.

(RMS 16107/PA, Rel. Ministro PAULO MEDINA, SEXTA TURMA, julgado em 31/05/2005, DJ 01/08/2005 p. 555)

RECURSO ORDINÁRIO EM MANDADO DE SEGURANÇA. CONCURSO PÚBLICO.

POLICIAL MILITAR. ADVENTISTA DO SÉTIMO DIA. TESTE DE CAPACIDADE FÍSICA. REALIZAÇÃO EM DIA DIVERSO DO PROGRAMADO. LIMINAR DEFERIDA.

SITUAÇÃO DE FATO CONSOLIDADA. IMPOSSIBILIDADE. ISONOMIA E VINCULAÇÃO AO EDITAL. RECURSO DESPROVIDO.

I – A liminar foi deferida quando a recorrente, por ter deixado de realizar o teste de aptidão física na data prevista em edital de convocação, já estava eliminada do certame. Ao ser cassada pelo E. Tribunal *a quo*, quando do julgamento final do *mandamus*, a recorrente voltou à situação anterior de candidato eliminado do concurso, razão por que não poderia prosseguir no certame.

II – O direito à liberdade de crença, assegurado pela Constituição da República, não pode almejar criar situações que importem tratamento diferenciado – seja de favoritismo seja de perseguição – em relação a outros candidatos de concurso público que não professam a mesma crença religiosa. Precedente.

Recurso ordinário desprovido.

(RMS 22.825/RO, Rel. Ministro FELIX FISCHER, QUINTA TURMA, julgado em 26/06/2007, DJ 13/08/2007 p. 390)

Ousa-se dizer que a jurisprudência brasileira ainda se mostra imatura no que se refere à noção da importância do resguardo do dia sagrado ao fiel de determinada religião. Como se vê, há muita resistência em se dar à liberdade religiosa e à escusa de consciência o seu verdadeiro alcance. O princípio da isonomia é bastante usado na justificativa do veto à concessão do direito ao descanso semanal de acordo com a liberdade religiosa. Para Jónatas Machado a liberdade religiosa deve ser respeitada nas relações laborais, e o seu respeito deve ser ainda maior do que o conferido ao princípio da igualdade, de forma que a entidade empregadora é obrigada a proceder a uma medida que propicie a acomodação da religião (1996, p. 265). Assim, seguindo-se o entendimento do autor, o descanso religioso e as provas de vestibulares ou de concursos públicos devem ser acomodados aos membros de cada religião, respeitando a liberdade de crença e de culto. No entanto, a acomodação a ser promovida pelo empregador deve ser tal que não lhe acarrete um custo desproporcional, ou seja, um encargo indevido, conclui o autor.

Interessante recorrer ao que Fustel de Coulanges (2001, p. 174) escreveu sobre a origem e a essência do descanso religioso:

> Em todos os tempos e em todas as sociedades, o homem sempre quis honrar os seus deuses com festas; estabeleceu, pois, dias durante os quais apenas o sentimento religioso reinará em sua alma, sem ser tolhido por pensamentos ou trabalhos terrenos. Do número de dias que o homem tem para viver, reservou um quinhão aos deuses.

Como se vê, desde a *antiguidade* existe a necessidade de reserva de um quinhão de dias da vida da pessoa para a exclusiva prática do culto religioso. E, assim, qual dia será esse dependerá da religião da pessoa. A reserva de um dia para a crença tem raízes milenares, e nem de longe é mero capricho do fiel, mas sim parte essencial do seu culto.

Continuando a análise dos dispositivos constitucionais aplicáveis à liberdade religiosa, tem-se o art. 226, § 2º, que dispõe que "o casamento religioso tem efeito civil, nos termos da lei." E a lei, por sua vez, dispõe que o casamento religioso, desde que atenda às exigências da lei para a validade do casamento civil, equipara-se a este, desde que devidamente registrado, sendo que os efeitos serão produzidos desde a celebração (art. 1515, Código Civil de 2002).[75]

A Constituição Federal de 1988, ao mesmo tempo em que consagra a liberdade religiosa como direito fundamental, também o faz em relação ao direito à vida, à igualdade, à segurança, à propriedade, à imagem, à honra, entre outros. Sendo esses direitos igualmente fundamentais, juridicamente têm a mesma força dentro do ordenamento, e devem ser realizados da maneira mais ampla dentre as materialmente possíveis – todos têm aplicabilidade imediata (Araujo, 2010, p. 107). No entanto, caso mais de um direito fundamental incidam sobre um mesmo fato concreto, ensejando uma situação de aparente conflito, ambos cederão reciprocamente, de forma que os dois – ou mais – sejam aplicados na máxima força *possível naquele cenário.*

A cedência recíproca é o que deve ocorrer nas situações em que a liberdade religiosa entra em aparente conflito com o direito à vida ou à segurança, ou qualquer outro direito fundamental. A Constituição é una e todos os direitos que contém devem harmonizar-se, devem acomodar-se. Assim, cada um dos polêmicos casos trazidos introdutoriamente nesse texto ensejará uma determinada medida de aplicação da liberdade religiosa, a depender do(s) outro(s) direito(s) fundamental(is) também protegido(s). Essa medida pode e deve variar de acordo com o caso. Na situação da seita de Santo Daime, por exemplo, pode-se dizer que seria recomendável que o Estado utilizasse a cedência recíproca entre a liberdade religiosa da pessoa e os igualmente protegidos direitos à segurança e à vida, para o fim de se proscrever a bebida alucinógena hoje distribuída de forma desavisada e desassistida.

[75] Código Civil de 2002. Art. 1.516. O registro do casamento religioso submete-se aos mesmos requisitos exigidos para o casamento civil. § 1º O registro civil do casamento religioso deverá ser promovido dentro de 90 (noventa) dias de sua realização, mediante comunicação do celebrante ao ofício competente, ou por iniciativa de qualquer interessado, desde que haja sido homologada previamente a habilitação regulada neste Código. Após o referido prazo, o registro dependerá de nova habilitação. § 2º O casamento religioso, celebrado sem as formalidades exigidas neste Código, terá efeitos civis se, a requerimento do casal, for registrado, a qualquer tempo, no registro civil, mediante prévia habilitação perante a autoridade competente e observado o prazo do art. 1.532.

Esse aparente conflito entre direitos fundamentais é bastante notório, também, nos casos em que pacientes hospitalares necessitam de transfusão de sangue, mas estes – ou seus pais, caso menores ou incapazes – não o permitem por serem Testemunhas de Jeová. Quando a transfusão de sangue é essencial à sobrevivência do paciente, o direito à vida entra em cena, chocando com o igualmente fundamental direito à liberdade religiosa. Isso foi o que aconteceu no caso submetido ao Tribunal Regional Federal da 4ª Região, cuja ementa segue transcrita, em que o direito à vida foi preponderante sobre a liberdade religiosa:

> DIREITO À VIDA. TRANSFUSÃO DE SANGUE. TESTEMUNHAS DE JEOVÁ. DENUNCIAÇÃO DA LIDE INDEFERIDA. LEGITIMIDADE PASSIVA DA UNIÃO. LIBERDADE DE CRENÇA RELIGIOSA E DIREITO À VIDA. IMPOSSIBILIDADE DE RECUSA DE TRATAMENTO MÉDICO QUANDO HÁ RISCO DE VIDA DE MENOR. VONTADE DOS PAIS SUBSTITUÍDA PELA MANIFESTAÇÃO JUDICIAL. O recurso de agravo deve ser improvido porquanto à denunciação da lide se presta para a possibilidade de ação regressiva e, no caso, o que se verifica é a responsabilidade solidária dos entes federais, em face da competência comum estabelecida no art. 23 da Constituição federal, nas ações de saúde. A legitimidade passiva da União é indiscutível diante do art. 196 da Carta Constitucional. O fato de a autora ter omitido que a necessidade da medicação se deu em face da recusa à transfusão de sangue, não afasta que esta seja a causa de pedir, principalmente se foi também o fundamento da defesa das partes requeridas. A prova produzida demonstrou que a medicação cujo fornecimento foi requerido não constitui o meio mais eficaz da proteção do direito à vida da requerida, menor hoje constando com dez anos de idade. Conflito no caso concreto dois princípios fundamentais consagrados em nosso ordenamento jurídico-constitucional: de um lado o direito à vida e de outro, a liberdade de crença religiosa. A liberdade de crença abrange não apenas a liberdade de cultos, mas também a possibilidade de o indivíduo orientar-se segundo posições religiosas estabelecidas. No caso concreto, a menor autora não detém capacidade civil para expressar sua vontade. A menor não possui consciência suficiente das implicações e da gravidade da situação pata decidir conforme sua vontade. Esta é substituída pela de seus pais que recusam o tratamento consistente em transfusões de sangue. Os pais podem ter sua vontade substituída em prol

de interesses maiores, principalmente em se tratando do próprio direito à vida. A restrição à liberdade de crença religiosa encontra amparo no princípio da proporcionalidade, porquanto ela é adequada à preservar à saúde da autora: é necessária porque em face do risco de vida a transfusão de sangue torna-se exigível e, por fim ponderando-se entre vida e liberdade de crença, pesa mais o direito à vida, principalmente em se tratando não da vida de filha menor impúbere. Em consequência, somente se admite a prescrição de medicamentos alternativos enquanto não houver urgência ou real perigo de morte. Logo, tendo em vista o pedido formulado na inicial, limitado ao fornecimento de medicamentos, e o princípio da congruência, deve a ação ser julgada improcedente. Contudo, ressalva-se o ponto de vista ora exposto, no que tange ao direito à vida da menor.

(AC 200371020001556, VÂNIA HACK DE ALMEIDA, TRF4 - TERCEIRA TURMA, 01/11/2006)

Vê-se, assim, que no caso acima o direito à vida da paciente, menor de idade, preponderou sobre o direito à liberdade religiosa de seus pais. A vontade da pessoa menor de idade não foi substituída pela vontade de seus pais – Testemunhas de Jeová –, mas pela vontade da Justiça, determinada pela Constituição Federal e pela primazia do direito à vida. Inúmeras são as decisões judiciais nesse sentido, dando preponderância ao direito à vida. Entende-se, também, que 'salvar a vida' é essencial à atividade do médico, de forma que este deve sempre agir em prol da vida *ex officio*, independentemente de autorização judicial. Nesse sentido:

APELAÇÃO CÍVEL. TRANSFUSÃO DE SANGUE. TESTEMUNHA DE JEOVÁ. RECUSA DE TRATAMENTO. INTERESSE EM AGIR.

Carece de interesse processual o hospital ao ajuizar demanda no intuito de obter provimento jurisdicional que determine à paciente que se submeta à transfusão de sangue. Não há necessidade de intervenção judicial, pois o profissional de saúde tem o dever de, havendo iminente perigo de vida, empreender todas as diligências necessárias ao tratamento da paciente, independentemente do consentimento dela ou de seus familiares. Recurso desprovido. (Apelação Cível Nº 70020868162, Quinta Câmara Cível, Tribunal de Justiça do RS, Relator: Umberto Guaspari Sudbrack, Julgado em 22/08/2007)

CAUTELAR. TRANSFUSÃO DE SANGUE. TESTEMUNHAS DE JEOVÁ. NÃO CABE AO PODER JUDICIÁRIO, NO SISTEMA JURÍDICO BRASILEIRO, AUTORIZAR OU ORDENAR TRATAMENTO MÉDICO-CIRÚRGICOS E/OU HOSPITALARES, SALVO CASOS EXCEPCIONALÍSSIMOS E SALVO QUANDO ENVOLVIDOS OS INTERESSES DE MENORES. SE IMINENTE O PERIGO DE VIDA, É DIREITO E DEVER DO MÉDICO EMPREGAR TODOS OS TRATAMENTOS, INCLUSIVE CIRÚRGICOS, PARA SALVAR O PACIENTE, MESMO CONTRA A VONTADE DESTE, E DE SEUS FAMILIARES E DE QUEM QUER QUE SEJA, AINDA QUE A OPOSIÇÃO SEJA DITADA POR MOTIVOS RELIGIOSOS. IMPORTA AO MÉDICO E AO HOSPITAL E DEMONSTRAR QUE UTILIZARAM A CIÊNCIA E A TÉCNICA APOIADAS EM SÉRIA LITERATURA MÉDICA, MESMO QUE HAJA DIVERGÊNCIAS QUANTO AO MELHOR TRATAMENTO. O JUDICIÁRIO NÃO SERVE PARA DIMINUIR OS RISCOS DA PROFISSÃO MÉDICA OU DA ATIVIDADE HOSPITALAR. SE TRANSFUSÃO DE SANGUE FOR TIDA COMO IMPRESCINDÍVEL, CONFORME SÓLIDA LITERATURA MÉDICO-CIENTÍFICA (NÃO IMPORTANDO NATURAIS DIVERGÊNCIAS), DEVE SER CONCRETIZADA, SE PARA SALVAR A VIDA DO PACIENTE, MESMO CONTRA A VONTADE DAS TESTEMUNHAS DE JEOVÁ, MAS DESDE QUE HAJA URGÊNCIA E PERIGO IMINENTE DE VIDA (ART. 146, § 3º, INC. I, DO CÓDIGO PENAL). CASO CONCRETO EM QUE NÃO SE VERIFICAVA TAL URGÊNCIA. O DIREITO À VIDA ANTECEDE O DIREITO À LIBERDADE, AQUI INCLUÍDA A LIBERDADE DE RELIGIÃO; É FALÁCIA ARGUMENTAR COM OS QUE MORREM PELA LIBERDADE POIS, AÍ SE TRATA DE CONTEXTO FÁTICO TOTALMENTE DIVERSO. NÃO CONSTA QUE MORTO POSSA SER LIVRE OU LUTAR POR SUA LIBERDADE. HÁ PRINCÍPIOS GERAIS DE ÉTICA E DE DIREITO, QUE ALIÁS NORTEIAM A CARTA DAS NAÇÕES UNIDAS, QUE PRECISAM SE SOBREPOR AS ESPECIFICIDADES CULTURAIS E RELIGIOSAS; SOB PENA DE SE HOMOLOGAREM AS MAIORES BRUTALIDADES; ENTRE ELES ESTÃO OS PRINCÍPIOS QUE RESGUARDAM OS DIREITOS FUNDAMENTAIS RELACIONADOS COM A VIDA E A DIGNIDADE HUMANAS. RELIGIÕES DEVEM PRESERVAR A VIDA E NÃO EXTERMINÁ-LA. (Apelação Cível Nº 595000373, Sexta Câmara Cível, Tribunal de Justiça do RS, Relator: Sérgio Gischkow Pereira, Julgado em 28/03/1995).

No Tribunal de Justiça do Estado de São Paulo os julgados tendem a dar prevalência ao direito à vida sobre o direito à liberdade religiosa, como se nota nos julgados a seguir:

> Apelação Cível 13272049
> Limeira – 5ª Câmara de Direito Privado – Relator Boris Padron Kauffmann – 26/06/2003
> – Sentença autorizando a terapêutica recusada – Recurso desprovido.
>
> Apelação Cível 1234304
> Sorocaba – 3ª Câmara de Direito Privado – Relator Flavio Pinheiro – 07/05/2002
> INDENIZATÓRIA – Reparação de danos – Testemunha de Jeová – Recebimento de transfusão de sangue quando de sua internação – Convicções religiosas que não podem prevalecer perante o bem maior tutelado pela Constituição Federal que é a vida – Conduta dos médicos, por outro lado, que pautou-se [*sic*] dentro da lei e ética profissional, posto que somente efetuaram as transfusões sanguíneas após esgotados todos os tratamentos alternativos – Inexistência, ademais, de recusa expressa a receber transfusão de sangue quando da internação da autora – Ressarcimento, por outro lado, de despesas efetuadas com exames médicos, entre outras, que não merece acolhido, posto não terem sido os valores despendidos pela apelante – Recurso não provido.

No julgado abaixo, porém, a preponderância foi do direito à liberdade religiosa, sob o fundamento de que o tratamento médico, embora pretenda a preservação da vida, dela retira a dignidade proveniente da crença religiosa, podendo tornar a existência restante sem sentido. Deu-se predomínio ao livre arbítrio, visto inexistir direito estatal de "salvar a pessoa dela própria", quando sua escolha não implica violação de direitos sociais ou de terceiros:

> AGRAVO DE INSTRUMENTO. DIREITO PRIVADO NÃO ESPECIFICADO. TESTEMUNHA DE JEOVÁ. TRANSFUSÃO DE SANGUE. DIREITOS FUNDAMENTAIS. LIBERDADE DE CRENÇA E DIGNIDADE DA PESSOA HUMANA. PREVALÊNCIA. OPÇÃO POR TRATAMENTO MÉDICO QUE PRESERVA A DIGNIDADE DA RECORRENTE.

> A decisão recorrida deferiu a realização de transfusão sanguínea contra a vontade expressa da agravante, a fim de preservar-lhe a vida. A postulante é pessoa capaz, está lúcida e desde o primeiro momento em que buscou atendimento médico dispôs, expressamente, a respeito de sua discordância com tratamentos que violem suas convicções religiosas, especialmente a transfusão de sangue. Impossibilidade de ser a recorrente submetida a tratamento médico com o qual não concorda e que para ser procedido necessita do uso de força policial. Tratamento médico que, embora pretenda a preservação da vida, dela retira a dignidade proveniente da crença religiosa, podendo tornar a existência restante sem sentido. Livre arbítrio. Inexistência do direito estatal de "salvar a pessoa dela própria", quando sua escolha não implica violação de direitos sociais ou de terceiros. Proteção do direito de escolha, direito calcado na preservação da dignidade, para que a agravante somente seja submetida a tratamento médico compatível com suas crenças religiosas. AGRAVO PROVIDO. (Agravo de Instrumento Nº 70032799041, Décima Segunda Câmara Cível, Tribunal de Justiça do RS, Relator: Cláudio Baldino Maciel, Julgado em 06/05/2010)

Vê-se, assim, que a aplicação do direito à liberdade religiosa não tem os seus contornos precisamente delineados, podendo tomar diferentes formatos e graus de intensidade a depender do caso concreto. Nos exemplos acima esse direito adquiriu, na maioria dos casos, um formato diminuto, abrindo espaço ao sublime direito à vida.

Esses são os dispositivos constitucionais aplicáveis à liberdade religiosa e à laicidade. Esse tema é bastante polêmico, visto que cada indivíduo tem certa opinião e dado entendimento sobre a forma como a religião – a própria e a do outro – deve ser tratada jurídica e legalmente. As disposições constitucionais dão azo a diferentes interpretações, de forma que a jurisprudência exercerá importante papel na definição dos contornos do que seja e ainda venha a ser a liberdade religiosa no Brasil.

Conclusão

O que se extrai de todo o exposto é que a forma como o Estado se relaciona com a religião é questão tão antiga quanto a própria civilização e está em constante mutação tal qual a sociedade e juntamente com ela. A liberdade religiosa é um direito da pessoa, essencial a sua dignidade, que foi sendo conquistada ao longo dos séculos e, assim, moldada, vindo a adquirir a força de direito fundamental, garantido constitucionalmente. O respeito e a garantia da liberdade de crença e de culto, inclusive pelo poder público, estão intimamente relacionados com a dignidade da pessoa humana. Isso, porém, nem sempre foi assim.

Como visto, na antiguidade, a religião e o Estado, este constituído em cidades, se confundiam, de modo que o cidadão se via tão submisso ao poder estatal quanto aos deuses e, como consequência, a liberdade religiosa era um direito impensável. Foi na Idade Média, em especial com a propagação do Cristianismo, que essa situação começou a mudar, a partir da ideia de que cada pessoa foi criada à imagem e semelhança de Deus, o que teria contribuído para a valorização do indivíduo, este um reflexo de Deus na Terra. A passagem do Novo Testamento em Mateus 22,21, em que Jesus diz: "Devolvei, pois, o que é de César a César, e o que é de Deus a Deus", mostra o que pode ser considerado o *início* do reconhecimento de uma separação entre a religião e a política. O grande fortalecimento da Igreja Católica, possibilitada pelo enfraquecimento dos monarcas, e os abusos por ela cometidos, seriam os principais fatores que culminariam na Reforma Protestante, um dos marcos do início da Idade Moderna.

A Idade Moderna, caracterizada pelo fortalecimento dos monarcas absolutistas, foi marcada pela maior separação entre o Estado e a Igreja, pois o processo de modernização promoveu a supremacia da política e o recuo da religião, em contraposição ao cenário da Idade Medieval. O Estado Moderno, forte e unificado, não dava espaço ao poderio da Igreja, circunstância que, aliada à Reforma Protestante, ensejou o fortalecimento da liberdade religiosa. No entanto, a situação de abuso do poder por parte dos monarcas absolutistas atingiu o seu limite e as ideias liberais foram conquistando força, o que, aliado ao racionalismo, tornou oficial a separação entre Estado e religião.

No caminho percorrido do Estado Moderno ao Estado Social, passando pelo liberalismo e pela consolidação do constitucionalismo, o indivíduo foi galgando uma maior proteção aos direitos fundamentais, em especial, à liberdade. Ao absolutismo totalitário predominante na era moderna, em que os direitos individuais estavam em fase inicial, mas ainda eram *bastante aviltados* em relação aos padrões atuais, sobreveio o Estado Liberal, preocupado em afastar, o máximo possível, o Estado de qualquer intromissão na esfera particular. Posteriormente, se viu que essa abstenção exagerada não era o melhor caminho, já que o indivíduo e a sociedade têm anseios que necessitam de uma atuação positiva por parte do poder público, o que deu origem ao chamado Estado Social, mais intervencionista. Nesse ínterim, a liberdade religiosa alcançou a força de direito fundamental, merecedora de proteção constitucional. Peter Häberle diz que o mundo caminha rumo ao Estado Constitucional Cooperativo, aquele que coloca os direitos humanos em primeiro lugar, protegendo-os mesmo que além dos limites territoriais, em regime de cooperação com os outros Estados igualmente soberanos.

A fim de se tentar classificar a liberdade religiosa dentro do grupo dos direitos fundamentais, recorre-se à antológica classificação que os divide em direitos fundamentais de primeira, de segunda ou de terceira geração. Os de primeira geração teriam foco na liberdade e exigiriam, assim, uma abstenção do Estado. Os de segunda geração teriam foco na igualdade e, portanto, demandariam ação positiva do Estado na busca da sua concretização. Os de terceira geração seriam os direitos à paz, ao desenvolvimento econômico, à comunicação etc., que teriam na solidariedade ou na fraternidade o seu fundamento. Estes encaram a proteção do corpo social, do gênero humano, tais como do meio ambiente, do consumidor, da infância e da juventude, em que se enfoca o ser humano em conjunto com o próximo, e não apenas como indivíduo. A liberdade religiosa nasceu como direito fundamental de primeira geração, demandando rigoroso absenteísmo estatal, mas se desenvolveu se modo a exigir certa atuação por parte do poder público a fim de se garantir a sua plenitude e concretude.

Para se compreender a fundo o que é o direito da liberdade religiosa, essencial se analisar cada um de seus componentes, a começar pela *religião*. Como exposto, não pretende esse estudo impor uma definição do que ela seja. Várias são as suas conceituações, explicações e conotações. Cada indivíduo tem um entendimento próprio, e *sente* a religião por si mesmo, mas, quando procura explicar o que ela é, as palavras faltam. Juridicamente – conforme se afere da proteção constitucional –, a liberdade religiosa é um direito complexo, visto que engloba as liberdades de crença, de culto e de organização religiosa, que, por sua vez, podem ser desdobradas em outros direitos e liberdades, como a liberdade de escolha da religião, a liberdade de aderir a qualquer seita religiosa, a liberdade de mudar de religião, a liberdade de não aderir a religião alguma e a liberdade de ser ateu, exemplificativamente.

Após a abordagem analítica dos componentes da liberdade religiosa, importante se faz estudar como esse direito de formou no constitucionalismo brasileiro. A evolução constitucional do tratamento da liberdade de religião no Brasil foi bastante peculiar e começou pela Constituição Imperial de 1824, que instituiu a religião católica como a oficial e proibiu o culto que não fosse o desta. Com a República e a separação entre o Estado e a Igreja, a liberdade de crença e de culto foram instituídas de forma plena, o que durou até a Constituição de 1934, a qual inovou ao instituir a necessidade de conformação da liberdade de culto com a ordem pública e os bons costumes, o que perdurou até a constituição de 1969, inclusive. A Constituição de 1988 voltou a garantir a liberdade de crença e de culto – conferindo-lhes a força de direito fundamental – e a separação entre o Estado e a Igreja, deixando explícito o *princípio da laicidade*.

Há um grande número de dispositivos da Constituição Federal de 1988 destinado ao trato da liberdade religiosa e do princípio da laicidade, mas esse robusto tratamento não torna o assunto menos polêmico. Inúmeras são as interpretações cabíveis, o que reflete imediatamente na vida de cada indivíduo, exemplificativamente, ao adventista de sétimo dia que pretende prestar um concurso público cuja prova é num sábado, que para ele é dia sagrado, ou ao testemunho de Jeová cuja família não lhe permite a transfusão de sangue quando necessitado. Por mais que a liberdade religiosa esteja garantida constitucionalmente, petrificada inclusive, não se tem ao certo quais os limites desse direito, até onde ele pode ir que não impedirá o exercício de outro direito fundamental igualmente protegido. Esse limite será verificado e traçado casuisticamente pelo julgador, que acabará por firmar os reais contornos da liberdade religiosa no Brasil.

A noção que se tem de liberdade religiosa e laicidade é de tal forma misturada com o seu contexto político, social e econômico, que se torna impossível apreender esses conceitos fora do mundo que acontece ao seu redor. Os direitos fundamentais são consequência inexorável do regime de Poder e da forma de Estado de uma dada época, o que se aplica também à liberdade religiosa. Surgiram como resposta do indivíduo à opressão exercida pelo poder e evoluíram de forma a exigir a atuação do Estado na busca da dignidade humana, busca que até os dias de hoje não se encerrou. Retomando a noção de *Estado constitucional cooperativo* de Peter Häberle, é tarefa deste a realização cooperativa dos direitos fundamentais. O prestígio do Estado Constitucional cresce com sua força para a realização cooperativa dos direitos fundamentais.

A Constituição Federal de 1988 consagra a liberdade religiosa como direito fundamental, assim como o direito à vida, à igualdade e outros. Isso significa que a liberdade religiosa deve incidir em cada fato concreto com uma extensão específica, a depender do outro direito fundamental também protegido. A cedência recíproca entre os direitos fundamentais é o que se deve buscar nos fatos em que a liberdade religiosa entre em conflito com qualquer outro direito fundamental, a fim de que os direitos envolvidos restem devidamente *acomodados*. Como se escreveu anteriormente, a Constituição não tem direitos absolutos, são todos relativos e devem harmonizar-se. A sociedade criou o direito e o Estado (do qual a Constituição é o documento fundante) para organizar normativamente as relações sociais e, com isso, evitar a violência entre as pessoas, delimitar quem é dono do quê, criar normas para que os acordos sejam cumpridos e buscar, enfim, a felicidade do maior número de pessoas possível. Pode-se dizer que esses são os fins sociais primeiros, cujo fundamento, por sua vez, é a vida, nos seus incontáveis aspectos.

REFERÊNCIAS BIBLIOGRÁFICAS

ALEXY, Robert. *Teoria dos direitos fundamentais*. Trad. de Virgílio Afonso da Silva. 5 ed. São Paulo: Malheiros, 2008.

ARAUJO, Luiz Alberto David; NUNES JUNIOR, Vidal Serrano. *Curso de Direito Constitucional*. 14 ed. São Paulo: Saraiva, 2010.

ATALIBA, Geraldo. *Hipótese de Incidência Tributária*. 6 ed. São Paulo: Malheiros, 2001.

BARROSO, Luís Roberto. *Constituição da República Federativa do Brasil Anotada*. 5 ed. São Paulo: Saraiva, 2006.

BASTOS, Celso Ribeiro. *Curso de Direito Constitucional*. 12 ed. São Paulo: Saraiva, 1990.

—. *Hermenêutica e Interpretação Constitucional*. 3 ed. São Paulo: Celso Bastos, 2002.

—; BRITTO, Carlos Ayres. *Interpretação e Aplicabilidade das Normas Constitucionais*. São Paulo: Saraiva, 1982.

—; MEYER-PFLUG, Samantha. Do direito fundamental à liberdade de consciência e de crença. Revista de Direito Constitucional e Internacional-Publicação oficial do Instituto Brasileiro de Direito Constitucional – IBDC, São Paulo, ano 9, nº 36, julho-setembro de 2001. ISSN 1518-272X.

BEOZZO, Pe. José Oscar. Igreja e Estado no Brasil. In: BETTO, Frei et al. *Movimento popular, política e religião*. São Paulo: Loyola, 1985.

BONAVIDES, Paulo. *Do Estado liberal ao Estado social*. 9 ed. São Paulo: Malheiros, 2009.

BURDEAU, Georges. *O liberalismo*. Paris: Editions Du Seuil, 1979. CONSERTAR XX

CANOTILHO, J. J. Gomes. *Direito Constitucional*. 7 ed. Coimbra: Livraria Almedina, 1993.

CAPANHOLE, Hilton Lobo. *Constituições do Brasil*. 14 ed. São Paulo: Atlas, 2000.

CASAMASSO, Marco Aurélio Lagreca. *Política e religião: o Estado laico e a liberdade de religião à luz do consti-*

tucionalismo brasileiro. 2006. 387 f. Tese (Doutorado em Direito) – Faculdade de Direito, Pontifícia Universidade Católica de São Paulo, São Paulo.

CHIMENTI, Ricardo Cunha et al. *Curso de Direito Constitucional*. São Paulo: Saraiva, 2004.

CLÈVE, Clèmerson Merlin. *Atividade Legislativa do Poder Executivo no Estado Contemporâneo e na Constituição de 1988*. São Paulo: RT, 1993.

COULANGES, Fustel de. *A cidade antiga*. 2 ed. São Paulo: Martin Claret, 2001.

CUNHA, Luiz Fernando Whitaker da. *Direito Constitucional do Brasil*. Rio de Janeiro: Renovar, 1990.

DALE, Frei Romeu. Igreja e transformação da sociedade. In: BETTO, Frei et al. *Movimento popular, política e religião*. São Paulo: Loyola, 1985.

DUSSEL, Enrique D. *Religión*. México: Editorial Edicol, 1977.

FERRY, Luc. *Aprender a viver: filosofia para os novos tempos*. Rio de Janeiro: Objetiva, 2007.

FIGUEIREDO, Marcelo. A crise no entendimento clássico do princípio da legalidade administrativa e temas correlatos. In: FIGUEIREDO, Marcelo et al. *Estudos de Direito Público em homenagem a Celso Antônio Bandeira de Mello*. São Paulo: Malheiros, 2006.

GARCIA, Maria. A Constituição e o ensino religioso nas escolas públicas. In: MAZZUOLI, Valerio de Oliveira; SORIANO, Aldir Guedes (Coord.). *Direito à liberdade religiosa*: desafios e perspectivas para o século XXI. Belo Horizonte: Fórum, 2009. p. 235-249. (Coleção Fórum de Direitos Fundamentais; 4). ISBN 978-85-7700-229-0.

GAUCHET, Marcel. *La religion dans la démocratie: parcours de la laïcité*. Paris: Gallimard, 1998.

GODOY, Arnaldo M. A liberdade religiosa nas constituições do Brasil. Revista de Direito Constitucional e Internacional-Publicação oficial do Instituto Brasileiro de Direito Constitucional – IBDC, São Paulo, ano 9, nº 34, janeiro-março de 2001. ISSN 1518-272X.

GOMES, Laurentino. *1808*. São Paulo: Planeta do Brasil, 2007.

HÄBERLE, Peter. *Estado Constitucional Cooperativo*. Rio de Janeiro: Renovar, 2007.

HOLANDA, Sérgio Buarque de. *Raízes do Brasil*. 26 ed. São Paulo: Companhia das Letras, 1995.

JELLINEK, Georg. *Teoria general del estado*. 2 ed. Buenos Aires: Editorial Albatros, 1961.

KELSEN, Hans. *Teoria Pura do Direito*. 6 ed. São Paulo: Martins Fontes, 1998.

KRIELE, Martin. *Introducción a la Teoría Del Estado*. Buenos Aires: Depalma, 1980.

LEÃO JÚNIOR, José. *O direito e os princípios autofundantes (o fenômeno jurídico e sua relação com a ordem metafísica)*. 2009. 198 f. Dissertação (Mestrado em Direito) – Faculdade de Direito, Pontifícia Universidade Católica de São Paulo, São Paulo.

MACHADO, Jónatas E. M. *Liberdade religiosa numa comunidade constitucional inclusiva*: dos direitos da verdade aos direitos dos cidadãos. Coimbra: Coimbra Editora, 1996.

—. Tempestade perfeita? Hostilidade à liberdade religiosa no pensamento teorético-jurídico. In: MAZZUOLI, Valerio de Oliveira; SORIANO, Aldir Guedes (Coord.). *Direito à liberdade religiosa*: desafios e perspectivas para o século XXI. Belo Horizonte: Fórum, 2009. p. 113-162. (Coleção Fórum de Direitos Fundamentais; 4). ISBN 978-85-7700-229-0.

MALUF, Sahid. *Teoria Geral do Estado*. 23 ed. São Paulo: Saraiva, 1995.

MARSHALL, Paul. Perseguição religiosa no mundo. In: MARSHALL, Paul et al. *Liberdade religiosa em questão*. Rio de Janeiro: Fundação Konrad Adenauer Stiftung, 2005.

MARTINS, Humberto. Liberdade Religiosa e Estado Democrático de Direito. In: MAZZUOLI, Valerio de Oliveira; SORIANO, Aldir Guedes (Coord.). *Direito à liberdade religiosa*: desafios e perspectivas para o século XXI. Belo Horizonte: Fórum, 2009. p. 97-111. (Coleção Fórum de Direitos Fundamentais; 4). ISBN 978-85-7700-229-0.

MELLO, Celso Antônio Bandeira de. *Curso de Direito Administrativo*. 12 ed. São Paulo: Malheiros, 2000.

—. Eficácia das normas constitucionais sobre justiça social. *Revista de Direito Público*–Revista dos Tribunais, São Paulo, ano 14, nº 57-58, janeiro-junho de 1981.

MIRANDA, Pontes de. *Comentários à Constituição de 1967: com a Emenda n. 1, de 1969. Tomo I (Arts. 1º - 7º)*. 2 ed. São Paulo: Revista dos Tribunais, 1971.

—. *Comentários à Constituição de 1967: com a Emenda n. 1, de 1969. Tomo IV (Arts. 118 - 153, § 1º)*. 2 ed. São Paulo: Revista dos Tribunais, 1971.

—. *Comentários à Constituição de 1967: com a Emenda n. 1, de 1969. Tomo V (Arts. 153, § 2º - 159)*. 2 ed. São Paulo: Revista dos Tribunais, 1971.

NAME, Paula Carmo. *A liberdade de crença religiosa na Constituição Federal de 1988*. 2004. 206 f. Dissertação (Mestrado em Direito) - Faculdade de Direito, Pontifícia Universidade Católica de São Paulo, São Paulo.

PIETRO, Maria Sylvia Zanella Di. *Direito Administrativo*. 21 ed. São Paulo: Atlas, 2008.

PINHEIRO, Maria Cláudia Bucchianeri.O respeito, pelo Poder Público, aos dias de guarda religiosa: a realização de exames de vestibular, concursos públicos e provas escolares em dias sagrados de descanso e orações. In: MAZZUOLI, Valerio de Oliveira; SORIANO, Aldir Guedes (Coord.). *Direito à liberdade religiosa*: desafios e perspectivas para o século XXI. Belo Horizonte: Fórum, 2009. p. 97-111. (Coleção Fórum de Direitos Fundamentais; 4). ISBN 978-85-7700-229-0.

PIOVESAN, Flávia. *Direitos Humanos e o Direito Constitucional Internacional.* 9 ed. São Paulo: Saraiva, 2008.

PRADO JÚNIOR, Caio. *Formação do Brasil Contemporâneo: colônia.* 23 ed. São Paulo: Brasiliense, 2008.

REZEK, José Francisco. *Direito Internacional Público.* 4 ed. São Paulo: Saraiva, 1994.

RIBEIRO, Milton. *Liberdade religiosa: uma proposta para debate.* São Paulo: Mackenzie, 2002.

RIVERO, Jean. *Les libertés publiques. Tome 2. Le régime des principales libertés.* 6 ed. Paris: Presses Universitaires de France, 1977.

—; MOUTOUH, Hugues. *Liberdades Públicas.* São Paulo: Martins Fontes, 2006.

SCAMPINI, José. *A liberdade religiosa nas constituições brasileiras.* Petrópolis: Vozes, 1978.

SILVA, José Afonso da. *Aplicabilidade das Normas Constitucionais.* 7 ed. São Paulo: Malheiros, 2008.

—. *Comentário contextual à Constituição.* 6 ed. São Paulo: Malheiros, 2009.

—. *Curso de Direito Constitucional Positivo.* 23 ed. São Paulo: Malheiros, 2004.

SILVA, Virgílio Afonso da. *Direitos Fundamentais. Conteúdo essencial, restrições e eficácia.* São Paulo: Malheiros, 2009.

SOUZA, Josias Jacintho de. *Separação entre Religião e Estado no Brasil: utopia constitucional?* 2009. 405 f. Tese (Doutorado em Direito) – Faculdade de Direito, Pontifícia Universidade Católica de São Paulo, São Paulo.

SORIANO, Aldir Guedes. *Liberdade religiosa no direito constitucional e internacional.* São Paulo: Juarez de Oliveira, 2002.

—. Direito à liberdade religiosa sob a perspectiva da democracia liberal. In: MAZZUOLI, Valerio de Oliveira; SORIANO, Aldir Guedes (Coord.). *Direito à liberdade religiosa*: desafios e perspectivas para o século XXI. Belo Horizonte: Fórum, 2009. p. 163-209. (Coleção Fórum de Direitos Fundamentais; 4). ISBN 978-85-7700-229-0.

SUNDFELD, Carlos Ari. *Fundamentos de Direito Público.* 3 ed. São Paulo: Malheiros, 1998.

TAVARES, André Ramos. Religião e neutralidade do Estado. In: MAZZUOLI, Valerio de Oliveira; SORIANO, Aldir Guedes (Coord.). *Direito à liberdade religiosa*: desafios e perspectivas para o século XXI. Belo Horizonte: Fórum, 2009. p. 53-67. (Coleção Fórum de Direitos Fundamentais; 4). ISBN 978-85-7700-229-0.

—. A categoria dos preceitos fundamentais na constituição brasileira. Revista de Direito Constitucional e Internacional-Publicação oficial do Instituto Brasileiro de Direito Constitucional – IBDC, São Paulo, ano 9, nº 34, janeiro-março de 2001. ISSN 1518-272X.

WEBER, Max. *Conceitos básicos de sociologia.* Trad. de Rubens Eduardo

Ferreira Frias e Gerard Georges Delaunay. 5 ed. São Paulo: Centauro, 2002.

––. *A ética protestante e o "espírito" do capitalismo*. Trad. de José Marcos Mariani de Macedo. 6 ed. São Paulo: Companhia das Letras, 2004.

ZAGREBELSKY, Gustavo. *El Derecho Dúctil*. Madrid: Trotta, 1998.

ÍNDICE